願天常生好人
願人常做好事

原本大学微言（上）

—— 南怀瑾 著

图书在版编目(CIP)数据

原本大学微言/南怀瑾著.—北京:东方出版社,2022.1

ISBN 978-7-5207-1027-5

Ⅰ.①原… Ⅱ.①南… Ⅲ.①儒家②《大学》-研究 Ⅳ.①B222.15

中国版本图书馆 CIP 数据核字(2019)第 092145 号

原本大学微言

南怀瑾 著

责任编辑：王夕月 杨 灿
出　　版：东方出版社
发　　行：人民东方出版传媒有限公司
地　　址：北京市西城区北三环中路 6 号
邮　　编：100120
印　　刷：北京明恒达印务有限公司
版　　次：2022 年 1 月第 1 版
印　　次：2022 年 1 月第 1 次印刷
开　　本：650 毫米×960 毫米　1/16
印　　张：39.75
字　　数：477 千字
书　　号：ISBN 978-7-5207-1027-5
定　　价：79.00 元(全二册)
发行电话：(010)85924663　85924644　85924641

版权所有，违者必究

如有印装质量问题，我社负责调换，请拨打电话：(010)85924602　85924603

编者的话

南怀瑾先生是享誉国内外,特别是华人读者中的文化大师、国学大家。先生出身于书香世家,自幼饱读诗书,遍览经史子集,为其终身学业打下坚实基础;而其一生从军、执教、经商、游历、考察、讲学的经历又是不可复制的特殊经验,使得先生对国学钻研精深,体认深刻。先生于中华传统文化之儒、道、佛皆有造诣,更兼通诸子百家、诗词曲赋、天文历法、医学养生,等等,对西方文化亦有深刻体认,在中西文化界均为人敬重,堪称"一代宗师"。书剑飘零大半生后,先生终于寻根溯源返归故里,建立学堂,亲自讲解传授,为弘扬、传承和复兴民族文化精华和人文精神不遗余力,其情可感,其心可佩。

儒家代表作之一的《大学》,相传为孔子的学生曾子(曾参)所著。它与《中庸》《论语》《孟子》合称"四书",自宋以后被视为儒学的入门读物,更位列"四书"之首。但我们现在通常看到的《大学》是二程及朱熹对原本《大学》改编、注解而成的。南先生认为《大学》原文本来就是儒家追求"内圣外王"之道的集中表述,逻辑严密,文气通顺,粲然可观,不必加以篡改。为了向大众揭示原本《大学》短短千余字中所包含的微言大义,先生特依据西汉小戴所传曾子《大学》原经,对其本旨重新加以阐释,内容包括《大学》的价值,七证(知、止、定、静、安、虑、得)的修养工夫,"格物"至"正心"的内圣(明)之学,"修身"至"治国"的外王(用)之学,内外兼修之道,齐家、治国、平天下的历史教训,王朝更替与儒学的演化，中外文化的反思与前景，等等，旁征博引，融会古今，取精用宏，妙语连珠。《大学》原文仅千余字，而此"微言"约有四十万字，讲解之详尽、涵盖有关学养之广阔不言而喻。

需要加以说明的是，本版《原本大学微言》与其他出版社出版的简体字版有较大的差异，我们遵照南先生嘱托，以其最早出版的《原本大学微言》为底本进行重新整理，不论是内容还是表述方式，都保留了原本的真实风貌，还原了《原本大学微言》的"原本"。而彼时主持整理工作的九十高龄的刘雨虹老师作为南怀瑾著述出版的亲历者，更在本书开篇，专门著文说明了《原本大学微言》的因缘背景。

我社与南怀瑾先生结缘于太湖大学堂。出于对中华优秀传统文化的共同认识和传扬中华文明的强烈社会责任感、紧迫感，承蒙南怀瑾先生及其后人的信任和厚爱，独家授权，我社遵南师遗愿，陆续推出南怀瑾先生作品的简体字版，其中既包括世有公论的著述，更有令人期待的新说。对已在大陆出版过的简体字版作品，我们亦进行重新审阅和校订，以求还原作品原貌。作为一代国学宗师，南怀瑾先生"通古今之变，成一家之言"，毕生致力于民族振兴和改善社会人心。我社深感于南先生的大爱之心，谨遵学术文化"百花齐放，百家争鸣"之原则，牢记出版人的立场和使命，尽力将大师思想和著述如实呈现读者。其妙法得失，还望读者自己领会。

东方出版社

二〇二一年十二月

目　录

上　册

关于《原本大学微言》／ 001
出版说明 ／ 001
编辑说明 ／ 001

第一篇　开宗明义

一、原本《大学》的原貌 ／ 002
二、从教授来访说起 ／ 008
　　　自幼诵读益处多○但开风气不为师
三、沉冤莫白的"四书" ／ 012
　　　被误用于考取功名○变本加厉的新八股
四、书生大半出农村 ／ 015
　　　传统的农村生活○农村自动自发的教育
五、启蒙教育的审思 ／ 019
　　　一夜发白《千字文》○先学做人，再谈政治
六、乌鸦式的读书法 ／ 023
　　　但求能够写信记账○学童"齐放好喉咙"

七、先摆几个方块阵 / 027
　　"道"字的五个内涵○"德"字的内涵○"天"字的五个内涵

八、大人之学的探讨 / 033
　　怎样才算是"大人"○《乾卦·文言》新解○还它本来面目

九、中原文化的精品 / 040
　　北方与南方的文学风格○《大学》首文竟可以治病

十、《大学》修养的次第 / 044
　　四纲、七证、八目○自立立人而达于至善○自觉觉他而觉行圆满

十一、朱晦翁昧改《大学》/ 051
　　"亲民"改作"新民"○擅自改编《大学》次序○一字之差的故事

十二、"明明德"要"明"什么 / 057
　　宋儒理学兴起的背景○朱子"虚灵不昧"说的探究

第二篇　七证的修养功夫

十三、千古难明唯自"知" / 066
　　谢谢你没有说破○"浑沌"竟不得好报

十四、沿流不"止"问如何 / 071
　　"知"与"止"的互动关系○吹毛用了急须磨

十五、实在难能说一"定" / 076
　　"止"与"定"的因果关系○九次第定的修证功夫

○"觉"与"观"的四个层次

十六、宁"静"致远究如何 / 083

重点在"淡泊"上○"动"与"静"的现象○形而上之道的"静"○千斤之重的"能"字

十七、无处将心为汝"安" / 089

须先做到身心"轻安"○彻底"安心"的故事

十八、众里寻他千百"度" / 093

"虑"及"思"、"想"的意义○"虑而得"的道理

第三篇　内明之学

十九、万古帝王师之学 / 098

曾子"内圣外王"的大手笔○庄子所见略同○"圣王"须德术兼备

二十、知所先后的知性 / 104

胎儿是否有"知"○王阳明如何"致知"○明辨"能知"与"所知"○"生而神灵"参《内经》

二一、致知与格物 / 111

从"知人"到"知物"之性○《易经·系传》可旁通○穷理尽性，以济天下

二二、智知万物自知难 / 117

看万物如何分类○仁民爱物天下平

二三、物欲催人肯自怜 / 122

反观人类发展史○东西方分野的关键○追逐消费的危机

003

二四、身心情智与物化 / 127
　　人身只有使用权○从《内经》看修身的内涵○心物一元防"物化"

二五、诚意正心修身与知至 / 134
　　从"性"到"性理"之学○自性如何"止于至善"○由"意"衍生的各种心态○心、意、识（知性）的差别○从人身生命的形成说起○行为大半受情绪影响

二六、尧舜不来周孔远 / 146
　　尧舜周公的好榜样○孔子重视仁民爱物而尊王

第四篇　外用之学

二七、三代以后的帝王与平民 / 152
　　"齐家"的妇女真伟大○帝王家庭问题多○管仲与齐桓公的精彩对话

二八、帝王样板齐桓公 / 160
　　真正的政治家是什么○齐桓公是什么样的人物○管仲怎么报答鲍叔牙○今天还须向管仲借镜

二九、身世堪怜一霸君 / 168
　　一统中国的历史背景○吕不韦的"奇货"投资计划○秦始皇从整顿宫闱着手○秦始皇的性格是如何形成○秦始皇的一封亲笔信○灭六国者，六国也

三十、秦始皇治国之道平议 / 182
　　奉行秦孝公以来的法治○焚书坑儒事件的真相○郡县为中央的"分公司"○张良一席关键性的盘算

三一、历代帝王修身齐家有几人 / 191
　　"修身"从自我批评做起○大舜孝感天地平天下

三二、刘邦打天下而不能"齐家" / 195
　　从刘邦的"龙颜"说起○"豁达"背后的身世和性格○"骄纵"的吕后实在不简单○史书给刘邦的短评○刘邦与吕后之间的钩心斗角○为刘汉后代的悲剧奏了序曲

三三、慈惠爱人的汉文帝 / 206
　　得力于母亲的教诲○两封信化解了两场兵灾○贾谊堪问唯鬼神○汉武帝、元帝文化政策的流弊

第五篇　内外兼修之道

三四、从自净其"意"做起 / 216
　　原本《大学》自释"诚意"的八正知○自欺、欺人、被人欺三步曲○"慎独"要慎什么样的"独"○"诚于中，形于外"的深远道理○学养须从日常行事中过来○总结历史人物经验在"自明"○君子为什么"无所不用其极"○"诚意"在外用上也须"知止"

三五、修身与正心 / 238
　　人身难得要珍惜○"心"能转"身"的道理○管子有关身心的学说○庄子特别为残障者加油○中印贤圣皆以无为法而有差别○修身的重点在正其心

三六、中国文化传统的"家" / 254
　　祠堂曾是社会安定的基石○"社会福利"工作由来已

久○从"张公百忍"的故事说起○尧可不愿多子多孙

三七、家家有本难念的经 / 265

修身齐家的五个心理问题○由"亲爱"而产生心理偏差的故事○由"贱恶"而产生心理偏差的故事○从"畏敬"鬼神说到近代"人造神"○从史实中领悟"畏敬"的正反道理○从史实中体会"哀矜"的正反作用○从史实中了解"敖惰"的心理背景○给自己、父母、领导人的启示

关于《原本大学微言》

南师怀瑾先生的《原本大学微言》一书，原是南师自己亲自撰写的，只不过是用讲述的语气而已。多年来，有不少读者问过这个问题，因为这本书的文字、辞句，很多处不像是讲课的整理。

可是，在出版说明和编辑说明中，为什么说是整理的讲记呢？

二〇一二年先生辞世后不久，我曾说过，南师每本书的前因后果，只要是我经手的，或知道的，我都要陆续加以说明，使读者得以清楚了解因缘背景，其实也是一个交代。

老师曾多次公开讲解《大学》，大约是一九九二或九三年，曾在香港面对少数听众，讲过全部《大学》，本来是计划整理成册出版的。但是，整理《四书》之类的讲记，极不容易，必须多少有些古典文化的学养，才比较方便。尤其先生在讲课时，涉及古典文化太广太深，举凡历史、经典、诸子百家等，皆随手拈来，如果对典籍较少涉猎的话，记录起来是颇为困难的，更不要说整理成书了。

在多次不成功后，我曾建议先生，还是自己写吧！

一九九六年春，先生开始写了，是用讲话的语气撰写的。这次写书，不可能像写《禅海蠡测》那样写了，因为环境不同，年龄不同，心情不同，条件也不同。

老师用讲解的口吻，写《原本大学微言》，一方面不必像写文章那样严谨，另一方面有空间可以修改。先生每日深夜写二三千字，次晨由宏忍师带至办公室打字。由于这个稿子的因缘，宏忍师才开始学习用计算机的。

一九九七年春夏之交，周勋男与我，在海南听完王财贵先生有关读经的讲演后，再到香港，先生当众拿出所写的书稿，对我们两个说：你们二人带回台湾整理吧！我说，两个人做一件事反而麻烦，由周勋男整理就好了。

回到台湾不久，老师就开始关心整理的进度，几乎三五天就打电话问我。因为周勋男是慢工出细活的作风，最后完工后，他又说要写一个编辑说明时，老师等不及了，并吩咐我写一个出版说明就好了，赶快出版。

我匆忙写了出版说明，又传真到香港，经老师认可后，周勋男的编辑说明也写好了。他的说明写得很好，等于是一篇导读，老师也认为不错，但老师仍坚持出版说明不撤销。于是这本《原本大学微言》，就在一九九八年出版了。这本《原本大学微言》，仍是先生所写的原样，修订整理不多，连引文的疏漏之处都未补正（老古版645页，"上谕诸贝勒"段）。其中有一个原因，就是学生们都认为，老师写的不会错。

当这本书印好后，老师对自己的封面题字不满意，内容版面字体也不喜欢，又有些错误之处，于是又重新设计，改正错字重新印刷。

十六年过去了，现在经各方会同努力，重新订正偏差错误，在新版印行之际，回忆以往经过，不免略加述说，聊以为记。

刘雨虹
二〇一四年　夏

出版说明

自从1976年《论语别裁》出版后,《孟子旁通》也于1984年问世。有关南怀瑾教授对"四书"的讲解,引起了很大的回响,尤其是年轻一代的读者,反应最为热烈。

嗣后读者们不断询问关心,渴望读到南著《大学》及《中庸》,以完成对四书的整体了解。十余年来,南教授亦曾多次讲解《大学》,现经由周勋男君,根据多次讲演记录,以及部分南教授手记,整编成册,出版了这部《原本大学微言》。

仅仅千余字的《大学》,讲述整编为四十万字的一部书,其讲解之详尽、涵盖有关学养之广阔,不言而喻。为此,周勋男君在编辑说明中为方便读者计,提纲挈领加以说明,作为简单的导读。

编辑室　刘雨虹
1998年3月

编辑说明

怀师近来讲述的《大学》录音带，终于整理成册，定名《原本大学微言》。本书所以定名原本（又称古本），是为了有别于流行八百多年的朱子章句本。《大学》的原本是指西汉戴圣所传《礼记》的第四十二篇原文。自宋朝朱子的章句本流行以后，不只许多注解《大学》的书，如司马光的《大学广义》等，都已失传，甚至坊间连原本《大学》也久不流通。所以到明朝嘉靖年间，王阳明把原本《大学》刻印出来，当时的文士还惊怪起来，不相信还有这一种本子。甚至清朝的李惇还说："学者有老死不见原文者。"因为大家既然只读朱子的章句，刻《礼记》的人索性就把其中的《大学》《中庸》只存其目录，把文字都删除了。本书所采用的原文，是依据清末阮元重刊的宋本《礼记注疏》。

至于怀师为什么要用原本《大学》来讲述，详见本书《开宗明义篇》。至于其微言大义，更遍布全书，有待善为体会。怀师此次讲述《大学》，仿若悬河，滔滔不绝，又旁征博引，融会古今中外史实与学说于一炉，实难加以分段，但为便利读者阅读，勉强分为九篇，计含六十四章。现略述九篇内容如下，以便先有个概略印象：

一、开宗明义。首先请读者先熟读原本《大学》本文，以便阅读下去时，可以随时回到《大学》本旨，加以体会、印证。然后从一位教授的来访，谈到自幼诵读经书的受用，以及延续中华文化的多年心愿，因此而想到流传已久的"四书"本有其超越时空的价值，可惜长久以来只被当作考取功名的敲门砖，于今犹有其流弊。于是回想传统的农村教育的情景，而肯定《千字文》等启蒙读物对于奠定做人的良好基础，深具意义。

然后，对道、德、天、大人等关键字先作说明，并点出《大学》的思想是源自《易经·乾卦·文言》而来，而《大学》原为古代中原文化、文学的代表作，自有其理路脉络，而不必去篡改原文。对于朱子把"大学之道"竟说成"初学入德之门"，更不以为然。接下来谈到《大学》的纲目，以及内明外用的修养次第，使读者先把握住《大学》的重点。由此而进入《大学》本文的探讨，即"大学之道，在明明德，在亲民，在止于至善"这个总纲。并为了恢复原本《大学》的真面目，先对朱子的把"亲民"当作"新民"，以及改编《大学》次序，提出了批判。对于朱子把"明德"说成"虚灵不昧"，更详加探究，而强调要从自知之明做起。

二、七证的修养功夫。本篇旨在阐释《大学》所说"知止而后有定；定而后能静；静而后能安；安而后能虑；虑而后能得"的道理，这七证（知、止、定、静、安、虑、得）功夫，实为中国原创的儒家心传，不只为后来的道家实修者所引用，也为佛家传入中土时借用，来说明禅定的方法，影响后世甚为深远。只是这七证的功夫如何修，曾子未加说明，而宋元明清以来的理学家，困于门户之见，也无法疏解得清楚，更谈不到发扬光大。故特借用佛、道两家学术来加以阐明。对于内证学养有兴趣的读者，此篇最宜深思体会。

三、内明之学。本篇先阐释《大学》所说"格物、致知、诚意、正心、修身、齐家、治国、平天下"的道理，并说明向来学者都把"诚意"前面的"格物致知"及"物格知至"的关键所在,略而不谈,而不知其中内明与外用之环环相扣的密切关系。进而讲到要做到"诚意、正心、修身",就先须"格物致知",以达到"物格知至",故对"所知"与"能知"及"心"、"意"、"识"细加明辨,再讲到心物一元、心能转物的道理,而警醒世人,不要被物质文明带向自我毁灭之途。

总之,此篇阐明自"格物"至"正心"属内明之学,如果内明修养达到"明德"的境界,由此外用于"齐家、治国、平天下",就须从"修身"做起,故"修身"为内明外用之间的重大关键,也就是《大学》所说"自天子以至于庶人,一是皆以修身为本"。

四、外用之学。本篇旨在阐释"身修而后家齐,家齐而后国治"的道理。首先说明"齐家"的"家"是家族的家,不是现代小家庭的家,并推崇中国历史文化中母德、母教的伟大。从东周以来直到清末,每个朝代的帝王家庭,大多是大有问题的家庭,本篇即以齐桓公(兼述管仲为政之道)、秦始皇(兼述吕不韦的"奇货"计划)、刘邦(兼述与他钩心斗角的吕后)为例,详加阐述。而给予正面评价的,则以虞舜、汉文帝为例,加以阐述。汉文帝得力于母教,而虞舜则成长于父母、弟弟都有心理问题的家庭,却能孝顺父母,友爱弟弟,尤为难得,故特推崇。

五、内外兼修之道。本篇从《大学》原文"所谓诚其意者,毋自欺也",讲到"此谓身不修不可以齐其家"止。这段原本《大学》的原文,被朱子抽调得最厉害。怀师则恢复其原来次序,就原本《大学》所说"诚意"内外兼修的"八正知",详加阐述。再讲述"所谓修身在正其心者",并引述老子、管子、庄子、佛家、医家有关身心的学说来加以说明。

进而讲述"所谓齐其家在修其身",有关"修身齐家"容易因"亲爱、贱恶、畏敬、哀矜、敖惰"的心理偏差而产生重大问题,并分别引述赵太后、武姜、弦章、齐景公与晏子、邴吉与汉宣帝、元帝,以及陶朱公及其儿子的史实,来加以说明,并阐释其带给现代人的启示。

六、齐家治国。本篇从《大学》所说"所谓治国必先齐其家者",讲到"此谓治国在齐其家"。首先谈到中国上古社会以"礼治"为主,并引述周室治国齐家的史实,来说明孝、弟、慈的道理,以及周文王以前,为何会有多人推位让国的原因。至于后来帝王讲求"法治",则须把握治国当家的原则,从历史中得到教训。最后再从《大学》所引的《诗经》,详加阐释不论古今,妇德在齐家(或及治国)中的重要性。

七、治国平天下。本篇讲述《大学》最后一段,从"所谓平天下在治其国者",至"此谓国不以利为利,以义为利也"。首先说明古代对"天下"的原义,以及"絜矩之道"的意义,以及当政者要先"立德"才能得到民心,尤其要注意一言一行。其次,讲述魏晋南北朝在"胡"、"华"民族混和中,那些"家天下"王朝更替的前因后果,以及秦缪公如何重用百里奚,如何处理国与国之间的关系,来阐述"治国平天下"之道。最后,对于事关国计民生的财经学说,则以曾子、子贡的故事,《史记·货殖列传》的观点,以及历史上注重财政的名相、名臣的言论、策略,为长期以来传统儒家学者陷于义利的矛盾纠结而解套,并期勉国人朝着"民富即国富,国富则民强"的大道前进。

八、儒学演化与国家发展。在依序讲述《大学》原文完毕后,本篇总论在佛教传入中土后,儒家学说,尤其是"四书""五经",在中国历史文化中的演化,以及它与历朝盛衰的关系。从魏晋南北朝的玄学谈起,历经唐代的儒佛道,以及《原道》《复性书》的出现,宋儒理学的兴起,元朝以藏密为主下的儒家,明清的科举利弊,阳明学说的兴起,最后谈到清朝的外示儒学，内用佛老，并以康熙、雍正、乾隆为例，加以说明。这是一篇非常生动的文化融会史。

九、西方文化与中国。本篇从明清之际的中西文化交流谈起，略述清初以来西方国家的重大变革，以及美国的兴起及其文化对世界的强力影响；进而提出国人应加反思、检讨的三大问题。最后的结语则在说明，在悠久的中国历史文化中，虽有所谓"诸子百家"之说，而立国的精神主要还是奠定在儒家的基础上，而儒家思想的精义，在国际之间向来是主张"兴灭国，继绝世"，尽力辅助弱小国家民族的。至于西方人会有"黄祸"的误解，则起自于非儒家文化所及的蒙古的西征，这是中国历史中的特案，有其特别的历史背景（详见第五十八章）。因此正告西方学者如亨廷顿之流，不应挑起文化之间的互相敌视，引起人类争战的悲剧。中国是由历史上许多民族混和而成的，而中国文化也在历史上融合了西域、印度等地的文化。"有容乃大"，中国及其文化永远是开放心胸，希望"礼运大同"，以达到和平共存、互相繁荣的世界。

以上九篇概要，只是给读者鸟瞰全书的来龙去脉，至于其中高山流水、柳暗花明之风光，处处引人入胜，时兴慧解，则有赖读者亲自一游。

最后应该说明的是，在把近百卷的录音带整理成初稿的过程中，曾经参与文字整理工作的有蔡策、李淑君、劳政武等先生。参与校订的有李素美、刘雨虹、来新国、李青原、韦志畅、赵海英、朱守正、彭嘉恒、马有慧、陈定国、陈美珍、杜忠诰、谢锦扬、陈照凤、欧阳哲、郭姮晏等先生、小姐。参与打字及校对的有宏忍法师、傅莉、李仪华、李茵丽等小姐。在如此群智群力合作下，终于完成文字初稿，最后交由我再作整理。虽自知学识粗浅，不足以荷任，只因退休下来，较有时间，而无理由可以推辞。而今兢兢将此怀师讲述大作出版,若仍有错误,其咎在我,敬祈各位先进不吝赐正为感。

周勋男　记
1998 年 3 月

第一篇 开宗明义

一、原本《大学》的原貌

第一篇　开宗明义

我们在开始讲解研究《大学》之前，先把这份原本《大学》的原文发给大家，希望平时多加熟读，要能背诵就更好了。那么，我们以后在研究时就方便多了。现在，请大家看看原本《大学》的原文是怎么说的：

大学之道，在明明德，在亲民，在止于至善。知止而后有定，定而后能静，静而后能安，安而后能虑，虑而后能得。物有本末，事有终始，知所先后，则近道矣。

古之欲明明德于天下者，先治其国；欲治其国者，先齐其家；欲齐其家者，先修其身；欲修其身者，先正其心；欲正其心者，先诚其意；欲诚其意者，先致其知；致知在格物。

物格而后知至，知至而后意诚，意诚而后心正，心正而后身修，身修而后家齐，家齐而后国治，国治而后天下平。

自天子以至于庶人，一是皆以修身为本。其本乱，而末治者否矣。其所厚者薄，而其所薄者厚，未之有也。此谓知本，此谓知之至也。

所谓诚其意者，毋自欺也。如恶恶臭，如好好色，此之谓自谦。故君子必慎其独也。小人闲居为不善，无所不至。见君子而后厌然，掩其不善，而著其善。人之视己，如见其肺肝然，则何益矣？此谓诚于中，形于外。故君子必慎其独也。曾子曰："十目所视，十手所指，其严乎！"富润屋，德润身，心广体胖，故君子必诚其意。

《诗》云："瞻彼淇澳，菉竹猗猗。有斐君子，如切如磋，如琢如磨。瑟兮僴兮！赫兮喧兮！有斐君子，终不可喧兮。"如切如磋者，道学也。如琢如磨者，自修也。瑟兮僴兮者，恂慄也。赫兮喧兮者，威仪也。有斐君子，终不可喧兮者，道盛德至善，民之不能忘也。

《诗》云："于戏！前王不忘。"君子贤其贤而亲其亲，小人乐其乐而利其利，此以没世不忘也。《康诰》曰："克明德。"《大甲》曰："顾諟天之明命。"《帝典》曰："克明峻德。"皆自明也。

汤之《盘铭》曰："苟日新，日日新，又日新。"《康诰》曰："作新民。"《诗》云："周虽旧邦，其命惟新。"是故君子无所不用其极。

《诗》云："邦畿千里，惟民所止。"《诗》云："缗蛮黄鸟，止于丘隅。"子曰："于止知其所止，可以人而不如鸟乎？"《诗》云："穆穆文王，于缉熙敬止。"为人君，止于仁。为人臣，止于敬。为人子，止于孝。为人父，止于慈。与国人交，止于信。子曰："听讼，吾犹人也。必也使无讼乎！"无情者，不得尽其辞。大畏民志，此谓知本。

所谓修身在正其心者：身有所忿懥，则不得其正；有所恐惧，则不得其正；有所好乐，则不得其正；有所忧患，则不得其正；心不在焉，视而不见，听而不闻，食而不知其味。此谓修身在正其心。

所谓齐其家在修其身者：人，之其所亲爱而辟焉，之其所贱恶而辟焉，之其所畏敬而辟焉，之其所哀矜而辟焉，之其所敖惰而辟焉。故好而知其恶,恶而知其美者,天下鲜矣。故谚有之曰:"人莫知其子之恶。莫知其苗之硕。"此谓身不修,不可以齐其家。

所谓治国必齐其家者,其家不可教,而能教人者,无之。故君子不出家,而成教于国。

孝者,所以事君也。弟者,所以事长也。慈者,所以使众也。《康诰》曰:"如保赤子。"心诚求之,虽不中,不远矣。未有学养子,而后嫁者也。一家仁,一国兴仁;一家让,一国兴让;一人贪戾,一国作乱;其机如此。此谓一言偾事,一人定国。

尧舜率天下以仁,而民从之。桀纣率天下以暴,而民从之。其所令反其所好,而民不从。是故君子有诸己,而后求诸人。无诸己,而后非诸人。所藏乎身不恕,而能喻诸人者,未之有也。故治国在齐其家。

《诗》云:"桃之夭夭,其叶蓁蓁。之子于归,宜其家人。"宜其家人,而后可以教国人。《诗》云:"宜兄宜弟。"宜兄宜弟,而后可以教国人。《诗》云:"其仪不忒,正是四国。"其为父子兄弟足法,而后民法之也。此谓治国在齐其家。

所谓平天下在治其国者:上老老,而民兴孝;上长长,而民兴弟;上恤孤,而民不倍。是以君子有絜矩之道也。所恶于上,毋以使下;所恶于下,毋以事上;所恶于前,毋以先后;所恶于后,毋以从前;所恶于右,毋以交于左;所恶于左,毋以交于右;此之谓絜矩之道。

《诗》云:"乐只君子,民之父母。"民之所好好之,民之所恶恶之,此之谓民之父母。《诗》云:"节彼南山,维石岩岩。赫赫师尹,民具尔瞻。"有国者不可以不慎;辟,则为天下僇矣。

《诗》云:"殷之未丧师,克配上帝。仪监于殷,峻命不易。"道得众则得国,失众则失国。是故君子先慎乎德;有德此有人,有人此有土,有土此有财,有财此有用。德者,本也;财者,末也。外本内末,争民施夺。是故财聚则民散,财散则民聚。是故言悖而出者,亦悖而入;货悖而入者,亦悖而出。

《康诰》曰:"惟命不于常。"道善则得之,不善则失之矣。《楚书》曰:"楚国无以为宝,惟善以为宝。"舅犯曰:"亡人无以为宝,仁亲以为宝。"《秦誓》曰:"若有一个臣,断断兮,无他技,其心休休焉,其如有容焉;人之有技,若己有之;人之彦圣,其心好之,不啻若自其口出;实能容之。以能保我子孙黎民,尚亦有利哉!人之有技,媢嫉以恶之;人之彦圣,而违之俾不通;实不能容。以不能保我子孙黎民,亦曰殆哉!"

唯仁人放流之,迸诸四夷,不与同中国。此谓唯仁人为能爱人,能恶人。见贤而不能举,举而不能先,命也;见不善而不能退,退而不能远,过也。好人之所恶,恶人之所好,是谓拂人之性,菑必逮夫身。是故君子有大道,必忠信以得之,骄泰以失之。

生财有大道,生之者众,食之者寡,为之者疾,用之者舒,则财恒足矣。仁者以财发身,不仁者以身发财。未有上好仁,而下不好义者也;未有好义,其事不终者也;未有府库财,非其财者也;孟献子曰:"畜马乘,不察于鸡豚;伐冰之家,不畜牛羊;百乘之家,不畜聚敛之臣,与其有聚敛之臣,宁有盗臣。"此谓国不以利为利,以义为利也。长国家而务财用者,必自小人矣。彼为善之。小人之使为国家,菑害并至，虽有善者，亦无如之何矣。此谓国不以利为利，以义为利也。

这就是原本《大学》的原貌。大家如果读过朱子所改编的《大学》章句，可能一时不能习惯，甚至有突兀之感。但我们这次讲解，为什么不用朱子的改编本，而要用本来面貌的原本《大学》呢？我们在以后的讲解中，会充分地说明其中的缘故。现在，再次希望大家，先把这篇富有齐鲁文化之美的大块文章，先行熟读、背诵。

二、从教授来访说起

自幼诵读益处多
但开风气不为师

丙子年的初秋,也就是 1996 年的 8 月底,有一位美国哈佛大学的教授来访,他是刚从美国到湖南,参加岳麓书院孔子会议返美,路过香港,事先经人约好时间,所以才有见面一谈的机会。不是这样,我实在没有剩余的时间,可以与宾客应酬。平常有人问我,你那么大的年纪,还忙些什么呢?我只有对之苦笑,实在说不清楚。因为一个真正立心做学问的人,实在永远没有空闲的时间。尤其是毕生求证"内明"之学的人,必须把一生一世,全部的身心精力,投入好学深思的领域中,然后才可能有冲破时空,摆脱身心束缚的自由。这种境界,实在无法和一般人说,说了别人也不易明白。

自幼诵读益处多

话说回来,这位名教授来访,谈到在哈佛大学的一次汉学(中国文化)会议上,中外学者到了不少,大家共同研究读"四书"之首的《大学》。当大家研究开宗明义第一章,讨论"大学之道,在明明德……",各人都发挥自己的观点,很久还没有一致的结论。有一位来自国内某名大学的学者便抢着发言说:我看这个问题,何必浪费精神,花很多时间去讨论,只需把"明明德"的第一个"明"字去掉就好了!全场的人听了,为之瞠目结舌、啼笑皆非。

　　这位教授说完了这个故事，当时我们在座的人，也只有为之一笑。我便问：后来怎么办呢？他说：后来我就私下对他说，你太狂妄了……。这个人最后才向大家道歉。我听完了说：我几十年，在国外，甚至在国内，听过这样的妄人妙（谬）论太多了，所谓"司空见惯，不足为奇"。但我心里不但震惊万分，同时也惭愧自责，感慨不已。

　　因为我在童年正式读家塾（就是请先生到家里来家教），开始就是先读《大学》，并认真背诵《大学》。长大以后，转到民国初年所谓的洋学堂读书，对于《大学》《中庸》，早已置之不理。但因为基本上有童子功背诵的根底，所以在记忆的影子里，始终并未完全去掉。后来在中央军校教习政治课，又碰到要讲《大学》《中庸》，因此，驾轻就熟，至少我自己认为讲得挥洒自如。接着在抗日战争的大后方四川五通桥，为了地方人士的要求，又讲过一次《大学》《中庸》。每次所讲的，大要原理不变，但因教和学互相增长的关系，加上人生经验和阅历的不同，深入程度就大有不同了。

但开风气不为师

　　到了台湾以后，步入中年，再经过历史时代的大转变，对人对事的了解更加深入。正如清人钱谦益的诗所说："枥中马老空知道，爨下车劳枉作薪"，颇有感慨。所谓"枥中马老空知道"，钱诗是感叹自己虽是一匹识途的老马，但马老了，毕竟是无用了，把它豢养在马厩里，当做一匹千里马的活标本罢了。"爨下车劳枉作薪"，十九世纪以前，中国用的车轮，都是木头做的。这种木头的轮子，在长年累月的旋转奔走之下，外表已被磨得损坏不堪了。乡下人把它换掉来当柴烧。当柴烧没有多大的价值，因此叫它做"车荞"。"爨下"，就是指烧饭的灶下。你只要读懂了这两句诗，也就可想而知我的心境了！

因此，当时对校长蒋先生所著的《科学的学庸》，虽然并不认同其见地，而且我对学问的态度，也决不苟且，但政治部邀请我去讲，如果拒绝，在当时的人情面子上，也是势所不能。这中间微妙关系的自处之道，正如《大学》后文所讲"缗蛮黄鸟，止于丘隅"，"于止，知其所止"，完全在于操之一心了。

回想起来，我也真的有过很多次冲动，希望有一二个后起之秀，能够立志研习原始儒家的学问，我将为之先驱，如清人龚定盦所说的"但开风气不为师"。然而，我也毕竟失望了。我也曾经对一般成年的学者同学们讲过几次，希望记录成编，但每次的记录，我都不满意，又加舍弃。不是同学们记不好，实在是我讲得不透彻，讲得不好。古人说："百无一用是书生。"不过，要真正做到百无一用的书生，确也不是一件很容易的事，成本代价太高太大了。

三、沉冤莫白的「四书」

被误用于考取功名
变本加厉的新八股

第一篇　开宗明义

《大学》是四书的第一本书。《中庸》，算是第二。其实，这样的推算，是根据历来四书印本的编排次序而说的。说实在一点，《大学》是孔子的学生曾子（参）所写的一篇学习心得论文。《中庸》是曾子的学生，也是孔子的孙儿子思所写的一篇学习心得论文。从宋代开始，把编入《礼记》中的这两篇论文抽出，和《论语》《孟子》合在一起，总名便叫作"四书"。

被误用于考取功名

如果时光倒流，退回到八九十年前，提起四书，几乎是无人不知。它的威名，把中国人，尤其是中国的知识分子——读书人的所有思想，十足牢笼了一千多年，中国知识分子的意识形态，大致都不敢轻越雷池一步。特别从宋代以后，再严谨一点来说，从南宋以后，一个知识分子，想寻一条生活出路，尤其以考取功名，达到读书做官的谋生之道，非熟记四书，牢牢背得四书不可，尤其要依据朱熹的见解，别无偷巧的办法。这也等于现在的年轻人，想考进学校，取得学位，就要死背活啃课本上的问答题，都是一样"消磨天下英雄气"的关限。除非你像明末清初时期山西太谷一带的同乡们，第一流头脑人才，必要经商致富，真正没有这个勇气和胆识的，才勉勉强强去读书考功名。

元、明以后到清朝六七百年来，所谓三级取士的阶梯，由县试考秀才，进而从乡试（全省会考）考取举人，到全国大考，进京考进士，中状元，始终离不开四书、五经——《诗经》《书经》《易经》《礼记》《春秋》，这一连串编成的书本。不然，纵使学富五车、才高八斗，能通诸子百家之学，但文不对题，离开考试取士所用的四书、五经范围，那就休想取得功名，与读书做官的通途，永远是背道而驰了。

变本加厉的新八股

从明朝开始，把考功名的作文格式，创制成一种特别文体，叫作"八股"。你如认为自己学问比韩愈、苏东坡还好，文章格式不照八股来写，也就只有拍拍屁股走路了！这种八股意识的发展，自清朝下台以后，尤其厉害。在国民党当政时期，考试文章中，如果没有讲一点三民主义的党八股，就休想有出路。后来的政党，也不能免于类似的框框。所以几十年前，打倒孔家店、扬弃八股文，变成大革命的浪潮，那也是事所必至，势有固然的结果。谁知旧八股去了，新的八股还比旧的变本加厉，以前的八股，只是文章规格的限制，现在的八股，反成为思想控制的工具，我真是感叹这个时代，是进步了，还是退化了。真不知中国的文化，何年何月才得以复兴它的灿烂辉煌啊！

四、书生大半出农村

传统的农村生活
农村自动自发的教育

讲到这里,有时我也觉得很有趣,而且还很有幸,生在这个古今新旧大转变的历史时代。当然,其中经历的艰危辛苦,也是一言难尽。

传统的农村生活

我从小生长在滨海的一个乡村里,其中的居民,过的是半农半渔的生活。这个东南海滨小角落的乡村,也是一个山明水秀(其实水是又咸又浊)、朝岚夕霞、海气波澜的好地方。濒海的地方,到底是得风气之先,东洋西洋的洋风很快吹到小村里。做饭烧火用的打火石还未完全消失,新的绿头洋火(火柴),一盒一盒地来了。在海上骄气十足,横冲直撞的火轮船,一声声呜呜号叫的汽笛鸣声,使大家赶快跑到海边去看热闹,既好奇又惊叹!慢慢地,又看到了天上飞的飞机,同时也看得到坐在飞机前面的人。当然,它飞得还不算太高,所以才看得见。人们更加奇怪,人怎么会飞上天呢?晚上用的青油灯、蜡烛,慢慢退位给大为不同的洋油灯,比蜡烛光亮过太多倍了。可是乡村里长年累月都是平平静静地过,没有什么警察或乡长、村长。只有一个年纪比较老的"地保",是清朝遗制,地方最小的芝麻绿豆大的官,叫作"保正"。不过,都是熟人,他保他的正,与大家了不相干,除非衙门里来了公事,他出来贴布告,或者上门来打一声招呼。偶然听到人们乱哄哄的谈话,找"保正"出来,那一定是哪一家的鸡被人偷走了。地方上来了偷鸡贼,这比以前长毛(太平天国)造反还要新奇,还要可怕。

这种江南村居生活,一直延续到二十世纪初期,历代除了兵乱或饥荒外,几乎从来没有变化。宋代诗人就描写得很诗情画意,如范成大的田园诗:

绿遍山原白满川　子规声里雨如烟
乡村四月闲人少　才了蚕桑又插田

尤其是雷震的一首《村晚》:

草满池塘水满陂　山衔落日浸寒漪
牧童归去横牛背　短笛无腔信口吹

每当斜风细雨或黄昏向晚的时候,我站在自家门口,真看得出神入化,很想自己爬上牛背,学一学他们的信口吹笛。可惜,我没有达到目的,只是一生信口吹牛,吹到七八十岁,还不及当年横身牛背小朋友的高明,真太泄气了!

农村自动自发的教育

在这样一个宁静的小乡村里,有几家的孩子们想读书,其实,也是大人们的起哄。乡村的孩子,根本不知道读书是怎么一回事,而且听说请来了先生,书读不好,还要挨打手掌心,这对孩子们来说,实在没有兴趣。不过,大人们都还要说:"天子重英豪，文章教尔曹。万般皆下品，唯有读书高。"所以总要读书才对。

话说中国人三千多年的教育，历来都是全国人民由农村开始，自动自发的教育。在二十世纪以前，所有当朝政府，掌管教育的权威，都是只顾读书人中已经学而有成的高层知识分子，所谓历朝的考试选举士子，都是当朝政府，拣现成的选拔民间的读书人，给他官做。事实上，做官是一种钓饵，当局者以此钓取天下英才收归己用。从来没有像现代政府，编有教育经费的预算，培养人民最起码义务教育的计划。

十九世纪末期，二十世纪的初期，乡村家塾的教育，是由一家或几家热心子弟读书的家庭发起，请来了落第秀才，或是所谓"命薄不如趁早死，家贫无奈做先生"的老师，呼朋唤友，约了几个孩子或十几个儿童，开始读书。这种情形，让我引用一首清人的诗来概括它：

一群乌鸦噪晚风　诸生齐放好喉咙
赵钱孙李周吴郑　天地玄黄宇宙洪
三字经完翻鉴略　千家诗毕念神童
其中有个聪明者　一日三行读《大》《中》

现在大家看了这首诗，一定觉得很有趣，但是不一定懂是什么意思。在这里，首先要了解我们八九十年前儿童启蒙书本（读物）。最基本的有八本书，《百家姓》《三字经》《千字文》《千家诗》《神童》《鉴略》。深入一点的，加上《大学》《中庸》。

五、启蒙教育的审思

一夜发白《千字文》

先学做人,再谈政治

《百家姓》是四个字一句,第一句是"赵、钱、孙、李",第二句是"周、吴、郑、王"。有人问,为什么第一个姓是赵字呢?因为这本书是宋朝编的,宋朝的皇帝世家姓赵,所以第一。第二个是江南浙江封王的钱镠,所以第二是钱,当然不是说赵皇帝第一,有钱人算是第二位。但是为什么这首诗里第三句只写到周、吴、郑为止呢?那是为了作诗,七言的诗,不能用到八个字,所以到此为止。下面的话,当然,大家一看都明白的,就不必多说了。

　　《千字文》也是四个字一句,那是一本了不起的好书,用一千个中文不同的字句,写出一部中国文化基本的大要。这本书的第一句是"天地玄黄",第二句是"宇宙洪荒"。但上首诗里,为了拼凑七个字一句,只好把这两句话截去一字,变成"天地玄黄宇宙洪"。既合平仄,又正好押韵。

一夜发白《千字文》

　　《千字文》的作者,是梁武帝时代官拜散骑员外郎的周兴嗣。历来在正史上的记载,就这样一笔带过,但据私家笔记的野史记载,内容就不是这样简单了。周兴嗣同梁武帝,本来便是文字之交的朋友,在萧齐时代,还在朝廷上有过同僚之谊。到了梁武帝当了皇帝，那就变成君臣的关系。由朋友变君臣，说是关系不错，其实，伴君如伴虎，反是最糟糕的事。周兴嗣有一次不小心得罪了梁武帝，梁武帝一怒之下，想杀他或很严厉处分他，到底还于心不忍，只好下令把他先关起来再说。但梁武帝又说了一句话，你不是文才很好吗？你能在一夜之间，把一千个不同的字，写一篇好文章，就赦你无罪。因此，周兴嗣就在一夜之间，挖空心思，写了这篇《千字文》。文章写好了，可是在一夜之间，头发、眉毛、胡子也都白了！大家要注意，用一千个不同的中文字，一夜之间，写出有关宇宙、物理、人情、世故的文章，等于写了一篇非常精简的"中国文化纲领要点"，虽然，只写到南北朝时期的梁朝为止，实在也太难了。梁武帝本人，才华文学都自命不凡，看了周兴嗣一夜之间所写的《千字文》，也不能不佩服。周兴嗣因此得到宽恕，而且还特加赏赐。

《三字经》是三个字一句的，先由儒家学说中的孔子观点"人之初，性本善"开始，综罗阐发儒家的基本理念，以教育后代青少年。在过去时代，是属于儿童启蒙的书；现在，应归国文研究所的课。

《千家诗》是集唐、宋各家的名诗，比较偏向于初学作诗的课本。在清末民初的石印本上，有的还附有李渔（笠翁）的韵对，如"天对地"、"雨对风"、"山花对海树"、"赤日对苍穹"等等，很有趣。过去读书考功名，不管你有没有作诗的天才，一定要考你作诗。要作诗先学对对子。尤其到了清朝，作对子比作诗还盛行。这种风气，由唐代开始，一直到了民国，只要读过几年书，好诗不会作，歪诗也要歪几句。有人说：过去中国，是诗人的国土。这未免有点夸张，但也有些讽刺的意味。

先学做人，再谈政治

《鉴略》，是全部中国通史浓缩再浓缩的书，是便于青少年初懂自己本国史，先记其大纲大要的书。

《神童》或《弟子规》，都是教孩子们先学做人，敦品励行的书，当然，并不太注重政治意识。到了清末时期开始维新变法，废掉了科举，办起了洋学堂，仿照日本明治维新的作风，法定不承认家塾和书院的教育，并且依法叫家塾为私塾，新式学校才叫正规教育。一直到清朝被推翻，民国成立，起初还在北洋政权时代的民国小学、中学里，不用什么《神童》《弟子规》等老古董，由教育部编了《修身》的课本。用到北伐时期以后，国民政府成立，又废了《修身》，改作《公民》一课。抗日战争前后，又改成了《政训》。如今变成《政治》课了。由《政训》到《政治》，要教育全国人民都懂得政治，但如果做人的基本教育还没有根基，叫他怎样能做好一个好国民，或公仆呢！

六、乌鸦式的读书法

但求能够写信记账
学童『齐放好喉咙』

除了以上所讲的《三字经》《百家姓》《千字文》《千家诗》等之外，在当时的家塾、民间社会里，还普遍流行一本书，叫《增广昔时贤文》，这也算是课外读本。这本书收集了古人的名言好句，有关人生处世的格言，有消极的，也有积极的，反正男女老幼，容易读懂，也容易上口背诵，几乎是大家共同爱背，好像是人性的共鸣一样。例如"路遥知马力，事久见人心"、"画虎画皮难画骨，知人知面不知心"、"马行无力皆因瘦，人不风流只为贫"等，有趣而有意义的句子多得很。原来其中有许多是唐、宋诗人的名句，也有些是从小说上来的，还有的是民间口口相传的俗语，但都很有文学和人生哲学的意味，所以特别一提。

但求能够写信记账

那么，当年农村里家塾读书都很成功吗？可以说大半都很失败。有许多人把孩子送来读书，特别声明，只要他认识几个字，将来能够记账就好了。农家人手不够，需要帮手，并不希望读书做官，如果能够写信，那就算是乡下才人了！事实如此，我所见到当年的乡下人，家里有人外出，要写一封信寄出，或在外面的人寄信回来，都要拿到街上或别人那里，请教那些读过书而考不上功名，专门摆张桌子，为别人写信记账谋生的先生来讲解。有个故事说，有个丈夫外出谋生，忘记了带雨伞，写信回家说："有钱带钱来，无钱带命来。"吓坏了一家人，后来才弄清楚，把"伞"字写作"命"字了。

另外，有一个我亲身经历的故事，当年在我们乡下，有一位年龄和我不相上下的邻居，他也在乡下先生教书时读过书。二十多年后，我们在台湾碰到，真有"初见翻疑梦，相悲各问年"的感觉。他是知道我，我几乎认不出来是他了！我问他在这里做什么，他说："做生意，比较顺利，发点小财，现在正要开一家大饭店。老婆在家乡，但在此地又娶了一个老婆，家里不知道。知道你也来了，真高兴得不得了。你知道我家底细，我要写信，不敢找别人，你就帮帮我吧！"我说："你不是也读过书吗？"他说："啊哟，你还不知我是怎么一块料吗？当年读了一两年书，斗大的字会认得几个。现在都还给先生了。"老乡，又是童年小朋友，我当然义不容辞每次代他写信。这种秘书很难做，要设法写乡下人看得懂的话，还要合于方言。

有一次，他有急事跑来找我，我正在忙，他就站着急催，要我快动笔写信。我说："你怎么这样不通情理，你不是看到我正在忙吗？你急就自己写吧！"他说："我拿起笔，就好像扛一根杠子一样，你用钢笔画几下就对了，很轻松。"我听他这样讲，就说："你知道我代你写一封信，要花多少代价吗？"他听我这样一说，眼睛瞪大了，就说："咦！你不过花一两张纸，手动动就好了，何必说得这样难听。"我说："你真不懂，你想想看，从我妈妈十月怀胎，生了我，几年吃奶，把我带大，后来再加二十多年的辛苦读书，不说学费，饭钱要多少？到了现在，才能为你作秘书，写一封信，你想，这一路算来，成本有多大吗？"他听我这样一说，愣住了，想了一阵，笑着说："你说得也对，同时骂我也骂得惨,不管怎样说,还是快代我写封信吧!"

学童"齐放好喉咙"

前面的话,是由那首描写从前旧社会里家塾启蒙教育的情形说起,这首诗作者并未留名,大概是失意的文人,为了生活,担任教书先生的作品。第一、第二两句,描写当年家塾儿童读书的情景,真是活龙活现。乡下的儿童,真正喜欢读书的并不多,这便是学教育的要研究孩子的"性向"问题。儿童们最高兴的,是盼到黄昏傍晚时候,要准备放学回家了。先生坐在上面,叫学生们好好读几遍书,就可放学。于是,每个学生精神来了,各自拿出自己的课本,照先生今天所教的,放声大叫地朗诵起来,那不是为自己读,是为了读给先生听。低年级读《百家姓》或《三字经》,高年级读《千字文》或《千家诗》等,摇头摆尾,彼此瞪瞪眼,偷偷地你拍我一把,我打你一下,一边笑,一边叫着念书,那真像"一群乌鸦噪晚风,诸生齐放好喉咙"。有读《百家姓》的,"赵钱孙李周吴郑";有读《千字文》的,"天地玄黄宇宙洪"。"《三字经》完翻《鉴略》,《千家诗》毕念《神童》",都是实际的情形。

最后两句"其中有个聪明者,一日三行读《大》《中》"。这是说学生中真有一个比较聪明一点的,将来准备读书上进考功名的,先生就每天照书本多教他几行,《大学》或者《中庸》。可是教是教你认字,《大学》《中庸》真正深奥的意义,那就不一定讲给你听了!事实上,先生也未必真懂,大多只是叫你死背记得,将来慢慢地会懂。以我来说,一二十年后,对于当时先生教我背书,将来慢慢会懂的说法,反省过来,还真觉得他有先见之明,反而很敬佩他的搪塞教育法,真够隽永有味的幽默感!

七、先摆几个方块阵

「道」字的五个内涵
「德」字的内涵
「天」字的五个内涵

我们在正式讲解《大学》、《中庸》之前，首先需要了解中国文化中三个重要文字的内涵：（一）"道"字，（二）"德"字，（三）"天"字，再加一个"大人"名词的意义。然后再来研读《大学》或《中庸》，就好办得多了。

我们中国的文字，自远古以来，就不同于其他一些民族的文字。中国字是方块字，它与印度的梵文，埃及上古的象形文字，都以个体图形来表达思维语言的内涵意义。所以到了汉代，便有专门研究文字学的学问，以"六书"来说明中国文字的形成及其用法。所谓"六书"的内容，包括：象形、指事、会意、形声、转注、假借。这属于汉学中最出色的"小学"和"训诂"的范围。但是，这是一门专门的学问，我们不必在这里多讲，免得浪费时间。不过，这里所讲的"汉学"，是专指汉代文字学、考证学，并不是现代外国人对中国的文学或学术都称作"汉学"的意思。

那么，我提出读古书须先理解"道""德""天"等字，以及"大人"一词是什么意思呢？这也与汉代文字学的"小学""训诂"很有相关之处。因为我们要研究从春秋、战国时期以来的诸子百家书籍，尤其是儒道两家的书，对以上的几个字，用在不同语句、不同篇章里的涵义，并不可只作同一意义的理解。否则，很容易把自己的思维意识引入歧途，那就偏差太远了。

"道"字的五个内涵

一是道路的道。换言之，一条路，就叫做道。很多古代书上的注解："道者，径路也。"就是这个意思。

二是一个理则，或为一个方法上的原理、原则的浓缩之名词，例如，《易经·系传》说："一阴一阳之谓道。"在医药上的定理，有叫医道，或药物之道。用于政治上的原则，便叫政道。用于军事，叫兵道。又如《孙子》十三篇中所用的一句话："兵者，诡道也。"甚至自古以来，已经为人们惯用的口头语，所谓"盗亦有道"，或者"天道""地道""人道"等"道"字，都是指有某一个特定法则的道。

三是形而上哲学的代号，如《易经·系传》所说"形而下者谓之器"、"形而上者谓之道"。形而下是指物理世界、物质世间有形有相的东西；"器"字就是指有形有相的东西而言。那么，超越于物质或物理的有形有相之上，那个本来体性，那个能为"万象之主"的又是什么东西呢？它是实在唯物的，还是抽象唯心的呢？这是我们自古祖先传统的答案，不是"物"，也不是"心"，心物两样，也还是它的作用现象而已。这无以名之的它，便叫做道。例如《老子》一书，首先提出"道可道，非常道"的道，就是从形而上说起。其实，"大学之道"的道，也是从形而上而来的理念，且听后面慢慢道来。

四是讲话的意思，这是古代中原文化习惯的用词，你只要多看看中国古典民间通俗小说，就处处可见，"且听我慢慢道来"，或是"他道""老婆子道"等等，真是随手拈来，多不胜数。

五是在汉魏时期以后，这个"道"字，又变成某一个宗教或某一个学术宗派的最高主旨，或是主义的代号和标志。例如

"侠义道"或"五斗米道"等。到了唐代,佛家(教)也用它来作代号,如"道在寻常日用间"。道家(教)更不用说,把它视为唯我道家独有的道了。推而衍之,到了宋代,非常有趣的,在儒家学说学派之外,却另立一"道学"的名词,自以为在"儒学"或"儒林"之外,别有薪传于孔孟心法之外的"道学"的道,岂不奇而怪哉!

"德"字的内涵

我们现代人,一看到"德"字,很自然地就会联想到"道德",而且毫无疑问的,"道德"就是代表好人,不好的,便叫他"缺德"。其实,把这两个字联系在一起,是汉魏以后,渐渐变成口语的习惯,尤其是从唐代开始,把《老子》一书称作《道德经》。因此,道德便成为人格行为最普通、又是最高的标准了。但是,根据传统的五经文化,又有另一种解释,"德者,得也"。这是指已经达到某一种行为目的,便叫德。根据《尚书·皋陶谟》篇中的定义,共有九德——九种行为的标准:"宽而栗,柔而立,愿而恭,乱而敬,扰而毅,直而温,简而廉,刚而塞,强而义"。在《尚书·洪范》篇中,另外说到三德:"一曰正直,二曰刚克,三曰柔克"。在《周礼·地官》篇中,又有讲到六德:"知、仁、圣、义、中、和"。

另外有关"德"字,在魏晋以后,因为佛教、佛学的普及,提倡"布施",教导人们必须将自己所有,尽心施放恩惠,给予众生,这样才有修行的功绩基础。由此采用《书经》上一个同义词,叫作"功德"。后代人们有时讲到"德"字,就惯性地与"功德"一词连在一起,所以附带说明,以便大家了解。

我们了解到上古传统文化对于"德"字的内涵以后,把它归纳起来，再加简化一点来讲，"道"字是指体，"德"字是指用。所谓用，是指人们由生理、心理上所发出的种种行为的作用。这对于研究《大学》一书，尤其是最重要的认识。不然，到了"明德"和"明明德"关头，就很容易模糊、混淆不清了。因为古文以简化为要，到了现在，中国人的教育，不从文字学入手，搞得自己不懂自己的文化，反而认为古人真该死，自己的传统文化真糟糕。

"天"字的五个内涵

"天"字，真是"我的天哪"！读古书，碰到这个天字，如果要仔细研究，也不是那么容易，同是一"天"，看它用在哪里，又是哪一"天"的意义，我们现在把它归纳起来，也与"道"字一样，有五个内涵。

一是指天文学上天体之天，也可以说，包括了无量无边的太空。可不是吗？外国叫航行太空，我们叫航天，并没有两样，各自文化不同，用字不同而已。这是科学的天。

二是宗教性的天，这是表示在地球人类之上，另外有个仿佛依稀，看不见、摸不着的主宰，叫它为天。在我们上古以来的传统习惯上，有时和"帝"字、"皇"字是同一意义。不过，"帝"或"皇"是把那个莫名其妙的东西，加上些人格化的意思而已。如果用"天"字，就抽象得多。在意识上，便有"天人之际"，自有一个主宰存在的意思。

三是形而上哲学的天，它既不代表陈列日月星辰的天体，统属于自然科学的范围，又不是宗教性的唯心之天。它既非心和物，又是心和物与一切万象的根源。它犹如萧梁时代，傅善慧大师所说的一首诗"有物先天地，无形本寂寥。能为万象主，不逐四时凋"的天。简言之，它是哲学所谓的"本体"之天。

四是心理情绪上的天。它如一般人习惯性所默认的"命"和"运"关联的天。所谓"天理良心"，这是心理道德行为上所倚仗的精神的天。又如说"穷极则呼天，痛极则呼父母"，是纯粹唯心的天。

五是属于自然科学的范围，作为时间和空间连锁代号的天，例如一年三百六十五天，今天、明天、昨天，以及西天、东天，等等。

总之，先要了解这几个中国古书中，"天"字的差别意义，这在研究《中庸》一书时，更为重要。好了，我们为了讲《大学》，又是"过了一天又一天"了！

八、大人之学的探讨

怎样才算是「大人」
《乾卦·文言》新解
还它本来面目

为了讲解研究《大学》，有关于"大人"这个名词，也必须在研究本文之先，要有一番了解。在中国传统文化的《礼记》中记载：古人八岁入"小学"。先由学习洒扫应对开始，渐渐地学习"六艺"——礼、乐、射、御、书、数。

洒扫，是人生基本的生活卫生和劳作。

应对，是人与人之间，所谓人伦之际的言语、礼貌、态度。

"六艺"所包括内容很广。

礼：是文化的总和统称。

乐：是生活的艺术，当然也包括了音乐。

射：是学习武功，上古的武器，以弓箭为主，所以用射箭的"射"字作代表。

御：是驾驭马匹和马车等驾驶技能。

书：是指文字学，包括对公文的学习。

数：是指算术和数学，是上古科学的基本先驱。

由八岁入"小学"，到二十岁已经不算是童子，在家族中，要举行"冠礼"，算是正式成人了。但在"冠礼"之前，又有一说，十八岁束发，也算成人了。所谓"束发而冠"以后，再要进修就学，那就要学"大学"了。

怎样才算是"大人"

那么,我们现在所要研究的这本《大学》,是不是古代所说的成人之学呢?或是如宋儒朱熹晦庵先生所注,含糊其辞地说,"大学者,大人之学也"呢?假定说,《大学》劈头第一句所说的"大学之道",确是指定是大人之学。那么,怎样才算是大人?或者如中国文化三千年来的习惯,凡是做官,甚至捐官并未补实缺的,都称作大人呢?但不管是曾子的原意,或朱熹的注解,《大学》一书,绝不是专门教做官做吏的人学习的。

从字源学上来看,"大人"这个名词,首先出在中国文化宝典中,所谓群经之首的《易经》里,就有二十九处之多。例如:在乾卦九二、九五"利见大人",升卦的"用见大人",革卦九五"大人虎变",等等。但很遗憾的,在《易经》上,每次提到大人,也都没有确切的定义,是指做大官的大人,或是年龄成长的大人。但《乾卦·文言》上说:

> 夫大人者,与天地合其德,与日月合其明,与四时合其序,与鬼神合其吉凶。先天而天弗违,后天而奉天时,天且弗违,而况于人乎!况于鬼神乎!

这样的"大人",连鬼神也都无可奈何他,天也改变不了他,这又是个什么东西呢?说到这里,我先说一段往事。

《乾卦·文言》新解

当年我在成都时,曾经和一位宿儒老师,蓬溪梁子彦先生,畅论这个问题。梁先生的学问，是对朱熹的"道问学"和陆象山的"尊德性"的调和论者。可是我们经过辩证，他只有说：依子之见如何？我就对他说：如果高推《大学》《中庸》为孔门传承的大学问，那我便可说，《大学》是从《乾卦·文言》引申而来的发挥；《中庸》是从《坤卦·文言》引申而来的阐扬。《坤卦·文言》说："君子黄中通理，正位居体，美在其中，而畅于四肢，发于事业，美之至也。"梁先生听了说：你这一说法，真有发前人所未说的见地。只是这样一来，这个"大人"就很难有了。我说：不然！宋儒们不是主张人人可以为尧舜吗？那么，人人也即是"大人"啊！

梁先生被我逼急了，便说：你已经是这样的境界，达到这样"大人"的学养吗？我说：岂止我而已，你梁先生也是如此。他说：请你详说之。我便说："夫大人者，与天地合其德"，我从来没有把天当作地，也没有把地当成天。上面是天，足踏是地，谁说不合其德呢！"与日月合其明"，我从来没有昼夜颠倒，把夜里当白天啊！"与四时合其序"，我不会夏天穿皮袍，冬天穿单丝的衣服，春暖夏热，秋凉冬寒，我清楚得很，谁又不合其时序呢！"与鬼神合其吉凶"，谁也相信鬼神的渺茫难知，当然避之大吉，就如孔子也说"敬鬼神而远之"。趋吉避凶，即使是小孩子，也都自然知道。假使有个东西，生在天地之先，但既有了天地，它也不可以超过天地运行变化的规律之中，除非它另有一个天地。所以说："先天而天弗违，后天而奉天时。"就是有鬼神，鬼神也跳不出天地自然的规律，所以说："而况于人乎！况于鬼神乎！"

我这样一说，梁先生便离开座位，抓住我的肩膀说：我已年过六十，平生第一次听到你这样明白的人伦之道的高论，照你所说，正好说明圣人本来就是一个常人。我太高兴了，要向你顶礼。这一下，慌得我赶快扶着他说：我是后生小子，出言狂放，不足为训，望老先生见谅，勿怪！勿罪！这一故事就到此为止，但梁先生从此便到处宣扬我，为我吹嘘。现在回想当年前辈的风范，如今就不容易见到了！

说到这里，我已经把《大学》里的"大人"说得很清楚了，如果还不了解，勉强下个定义吧！凡有志于学，内养的功夫和外用的知识，皆能达到某一个水准，即称之为"大人"。至于内养的功夫，外用的知识，要怎么养，研究下去，自然就会知道。

还它本来面目

现在我们要正式讲解研究《大学》的原文，首先需要说明所谓的原文，也叫作"原本《大学》"或"《大学》原本"。

为什么呢？因为自宋代以来，尤其是南宋以后，所有印刷流传的《大学》，都是朱熹先生根据他的师承二程（即程明道以及程伊川）先生重新改编原本，加上朱熹先生的心得做注解的《大学》章句。最严重的是，自明朝以后，不但根据"四书"考功名，而且规定都要以朱注为标准。

而我们现在讲解《大学》，就要返本还原，恢复曾子原著的《大学》论文，如照古人尊称的意思，应该说恢复曾子原经的本来面目，这样并不过分吧！程伊川与朱熹两位先生，对孔孟之学的造诣，的确有其独到高深之处，也的确可以自成一家之言，但没有必要，更没有理由随便篡改经文，他们的学问主旨，讲"主敬"、"存诚"，随便篡改前贤的原文，岂不是大不敬，太不诚吗？这样就犯了逻辑上"自语相违"的过错了。

但是，我们也须先看一看，听一听程朱之说是怎样讲的，如果我们了解程朱的错误，而《大学》的真面目也自然就出现了。

大家且看在《大学》的前面，朱子写道：

> 子程子曰：《大学》，孔氏之遗书，而初学入德之门也。于今可见古人为学次第者，独赖此篇之存。而《论》《孟》次之。学者必由是而学焉，则庶乎其不差矣。

嘿！嘿！程朱的理学，最重尊师重道，更重尊敬先圣先贤。《大学》一书，是理学家的儒者们，一致公认是孔门弟子、所谓"先贤"曾子的遗书。但他朱先生一开始，就非常尊重他的师承，叫程子还不够，在程子上面还要加上一个特别尊称的"子"字。不只撇开了曾子不理，而且也摘掉孔子的"子"字，轻慢地换成"孔氏"，竟变成"《大学》，孔氏之遗书"。这真像明清以来衙门里刑名师爷的笔法，把曾子的著作权，轻轻易易地判归孔氏门下，而且还不是指定是孔子受益，不过是孔氏门下的公有而已。因此，宋朝以后，理学家的儒者们，都是自认为直接继承孔孟之学，当然就可自作主张，随便篡改，曾子又其奈我何！（众笑过后，老师自说：口过！口过！）

不但如此，朱先生又说："而初学入德之门也"。啊哟！明明本书开宗明义第一句就是"大学之道"，而他却说是初学入德之门。这种笔法、这种写法，如果朱先生在北宋神宗时代碰到苏东坡，他一定写文章大大批驳一番。如果碰到清初的金圣叹，可惜他本来就不大注重理学家们，否则，由他来一批朱文，那就更加精彩幽默了！

但是，大家不要小看这一段五十六个字的短文，如果我们生在明清两朝六百年间，想考取什么秀才、举人、进士的功名，就非照此背熟不可，还要牢牢记住朱子的章句是这样说的。假使有半点违反这种思想意识，小则，永久取消考试资格；大则，也许吃饭的家伙也保不住了！学问被禁锢到这种程度，还说什么文字狱有多么可怕吗？中国过去的帝王或大政治家们，都有这种人性特点的褊狭习气。以古例今，所以中国文化、文明的进步，始终只能在某一特定的圈圈中打转。孔孟以后的儒家，也永远只能口是心非的，在高呼"万岁陛下"声中，承虚喏响，讨个官做，聊以自己鸣高，学问之道如此而已矣。

《大学》中所说的"修身"学问，真的就是这样吗？

九、中原文化的精品

北方与南方的文学风格

《大学》首文竟可以治病

现在我们先读《大学》原文第一段，也是《大学》最基本的宗旨所在：

> 大学之道，在明明德，在亲民，在止于至善。知止而后有定；定而后能静；静而后能安；安而后能虑；虑而后能得。物有本末，事有终始，知所先后，则近道矣。

大家读完了《大学》第一段原文以后，我要先讲正反两点，请大家留意。所谓正面的：《大学》和《中庸》两本书，文章很简要而且美丽，后来的《孟子》一书，也是这样。我小时候读书，要学写作古文，老师们便告诉我们要熟读、熟背《大学》《中庸》《孟子》的文章。那么，文章一定会写得四平八稳，而且很好。至于《老子》《庄子》《楚辞》的文章，初学不宜，不然，会流于奔放，容易变成狂妄。

北方与南方的文学风格

事实上，《大学》《中庸》的文章，不仅简练，也真有温柔敦厚之美。我个人在三十岁以后，在多读古书，多学习了解以后，我又大胆下了一个定论：《大学》《中庸》《孟子》是齐鲁文化的精品，也代表了古代中原文学的精华。当然，如《礼记》《春秋》的文章，也多如此。

至于《老子》《庄子》乃至《楚辞》，却代表了南方文化和文学的精华，使人心胸开豁，意境洒脱。如果比方的说，中原文学，犹如唐代杜甫的诗，浑厚有味，好比吃河南、山西的面食，北方的饺子、馒头；南方的文学，犹如唐人李白的诗，豪情奔放，好像白米饭配上鱼肉菜肴。换言之，古代中原的文化、文学，犹如德国日耳曼民族的文明，浑厚朴实；南方的文化、文学，犹如法国法兰西的文明，风流潇洒。总之，希望大家多读、多念、多背诵，当歌一样地唱着来读。有如我当年读书时，老师并不太给你讲解，只说：你读熟了，将来你自己会懂。套一句成语来说，你读得能背熟记牢了，将来你会自己开悟的。这是正面的经验。

《大学》首文竟可以治病

另一方面，我可告诉你一个非常有趣的经历故事：我在年轻的时候，兴趣是多方面的，尤其也和大家一样，好奇、好神秘，到处求师访道，想变成超人，成仙成佛最好。在三十年代的时候，湖南有一派道门，由一个姓萧的道长领导，据说有道又有法术。那多好啊！本人当然千方百计找人介绍去求道啰！真奇怪，见面了，他正替一个人念咒治病，左手拿一杯水，右手捏个剑诀，指天画地，口中念念有词，不知念些什么！念完了，叫那个病人喝下去，那个病人说：感觉好多了。我看了心想，这不是跟出家的和尚们，念《大悲咒》水叫人喝一样吗？但别人告诉我，这不是《大悲咒》的法门。好了，我当然要试探一番，先请他教我这个念咒水的法门也不错啊！

经过百般刁难，我又再三恳求，他终于说我有缘，又是上天允许了教我。到了真正传道、传口诀那一天，当然赌咒发誓，不可泄漏天机，所谓"六耳不传"；也就是说，一个对一个的传授，口传心授，不能公开，真是秘中之秘。他传了，我也学了，不但使我大失所望，几乎使我笑掉了大牙。你说，他传个什么咒啊？告诉你，就是我刚才念的《大学》开头第一段。我想，天哪！我早知道你传的是这个，我在十二岁起，背得比你还熟、还快，早可当你的祖师了！（众笑）但是你不要笑喔！他们诚心诚意念了这一段，给乡下人治病，有时候真的有效，所以人们才相信他。如果是我或你们来念，保证不灵，因为你我不信。这是精神学上一个问题，也不简单。知识分子不信，不一定对。愚民的迷信，不一定是错。这其中的道理，还有很深的学问哩！

附带讲一个故事：有一次，我在西南边区碰到一个人，会"祝由科"，念咒画符能治病。我看到他替受伤的人止血。我也要学，他传授给我。等我知道了这个咒语以后，实在笑也笑不出来。我知道我如照作，百分之百保证不灵。你说它的止血咒怎么念呢："东方来个红孩儿，身穿大红袍，头戴红缨帽……太上老君，急急如敕令，止！"他把手一指，别人伤口的血真不流了。因为他有信心。这都是精神学上的问题，所有宗教的迷信作为，都由此来的。

刚才所讲用"大学之道"一段来治病，当年这一派，是清末民初，民间秘密道门所谓"同善社"一派的支流。那时，还没有什么"一贯道"呢！至于这些人物和宗派来源，后来我都一清二楚，实在不足一谈，我们现在是讲《大学》，不是在讲旁门左道的史料。

十、《大学》修养的次第

四纲、七证、八目
自立立人而达于至善
自觉觉他而觉行圆满

现在我们正式研究《大学》第一段的四句书：

大学之道，在明明德，在亲民，在止于至善。

古文就是这样简化。如果用现代的观点来说，这种古文，就是春秋战国时代的简体文。把人类的意识思想、言语，经过浓缩，变成文字，但永远保存意识思想的原有成分，留之久远。这就是我们所说的古文。

这四句书，到了南宋开始，经过宋儒理学家们的研究注解，尤其是程朱学派以后的学者，大多必须遵守程朱章句之说。因此习惯地说《大学》书中的要领，便有"三纲八目"的说法。纲，是纲要；目，是条目。纲目，是朱熹首先习用的创作。例如，他对于中国历史的批判，不完全同意司马光《资治通鉴》的观点，自创一格，他对历史的编写，被后人称作"紫阳纲目"。

其实，纲目是写作文章和对学术分类的逻辑方法。纲，是前提，也可以说是标题。目，是分类的引申。很有趣的，我们现代在政治术语上，听惯了"上纲"这个名词，但大家还不知道，首先使用这个名词的导师，也是采取儒家学说中来的，并非导师自己的创作。只是大家书读得不及他多，就不知道他当年也是此中的读者。

过去所讲的《大学》一书中有"三纲八目"的说法。是哪个"三纲"？是哪个"八目"呢？

答案是这样的：《大学》书中首先提出的"明德"、"亲民"、"至善"，便是三纲。不是古代传统文化的"君为臣纲，父为子纲，夫为妻纲"的三纲。那八目呢？

答案是《大学》后面的："格物""致知""诚意""正心""修身""齐家""治国""平天下"。

其实，对于《大学》一书，指出有"三纲"之说，也不尽然！事实俱在，如说《大学》一书的纲目，应该说它有"四纲"、"七证"、"八目"才对。

四纲、七证、八目

那么，"四纲"是什么呢？就是在"明明德""亲民""止于至善"之上，一个最重要的前提"道"字，也可说是大学之道的"大道"。详细的理由，待我们慢慢地"明辨"。但可先从"以经注经"的原则去探讨，只要从《大学》开头两段本文中，就可看出来事实俱在。本文中不是明明白白地写出"物有本末，事有终始，知所先后，则近道矣"吗？所以"大道"或道，才是首纲。

那么，为什么又特别提出"七证"呢？因为《大学》本文，在"四纲"以后，跟着就提出有七个求证大道与明德的学问程序，也可说它是求证大道的学养步骤。如果你高兴要说它是七步学养的功夫，也未尝不可。这就是"知、止、定、静、安、虑、得"。这就是《大学》学问的纲要所在。过此以后，所谓"格物、致知、诚意、正心、修身、齐家、治国、平天下"的"八目"，才是"亲民"的实际学问和修养。

也可以说，初由"大道"到"明明德"，是每个人自立自修的学问。也就是宋儒理学家们冒用庄子学说，作为自己广告的"内圣外王（用）"之说的内圣之学，也可以说是内明之学。再由"明明德"到"亲民"，才算做到真正"修、齐、治、平"的功德，便是自立而立人，自利而利他的"外王（用）"之致用。但无论是自立的"内明"，或立人之道的"外用"，都要达到"至善"的境界，才算是人伦大道的完成。

了解了这些预备学识以后，我们再来用白话文的方式，试着简单地直译《大学》首先的四句书看看。

"大学的道，首先在明白明德的修养，然后才能深入民间做亲民的工作，达到极其圆满的至善境界。"

当然啰！这样直译了《大学》的原文，无论怎样说，已经是隔夜油炒饭，肯定不是原来的本味了！况且对这四句书的四个句子的内涵，也是隔靴搔痒，始终抓不到重点。因此还要一点一点、一层一层来抽丝剥茧再加研究。

既然知道用白话文直译古文的内涵，毕竟似是而非，完全不是那个味道，那只有用孔门所教治学的方法，所谓"博学、审问、慎思、明辨"来抉择它，也就是现代所说用分析、归纳的方法来研究了。

自立立人而达于至善

第一，在两千多年前的中国，所谓春秋末期、战国先期的阶段，中国的传统文化，本来就是儒、道并不分家的一个道统时代。即使诸子百家之说，也都是标榜一个"道"字作定点。

《大学》作者曾子，生在这个时代，而且在孔门七十二贤中，他是传承道统心法的中坚分子。在那个时代里，在政治系统、社会风俗习惯上，至少表面上还是宗奉周朝皇室为中央，尤其在文化习俗上，还是以周制的周礼为准。所谓子弟八岁入小学，到束发而冠的十八、二十岁，再进习成人之学，也就是准备做一个真正大人，已经不是童子的细（小）人了。

那么，大人之学所教授的，一个人之所以为人的人伦之道是什么呢？那就是先要明白这个"明德"。所以这一句书里有两个明字，第一个明字当动词用，第二个明字当形容词或名词用。这种用法，在上古时代是很平常的。例如："父父，子子，亲亲"等，都是把第一个字当作动词，第二个字才是名词。就是说：对父亲而言，要做父亲的本分；对儿子而言，要做儿子的本分；对自己的亲人而言，要做到对亲人的本分。

了解了以上的道理，同时也可以知道我们上古传统教育的主要宗旨，就是教导你做一个人，完成一个人道、人伦的本分。不是只教你知识和技能，而不管你做人做得好不好。因为做工、做农、做小贩、做官、做学者、做军人、做皇帝，那都是职业的不同。职位虽不同，但都需要做人，才是本分。你的职业职位果然荣耀煊赫，而人都做不好，做人不成功，那就免谈其他了。

第二，"大学之道"的道，是根本，也可以说是体。"明德"是道的致用，是从道体出发的心理和身体力行的行为。"亲民"是由个人学问的道和德的成就，投向人间，亲身走入人群社会，亲近人民而为之服务。这便是"明德"立己以后，外用到立人的目的。最终的结果，无论是个人立己的"明德"，或是外用立人的"亲民"，都要达成"至善"的境界。

第三，如果我们照这样的说法，怎样才可以表达得更明白一点呢？那只有用"因明"（逻辑）的办法，借用相似的比类做譬喻、做比例，或者比较明白一点。怎样借譬呢？那只有向邻居的佛家去商量，暂借用佛学来做说明了！

自觉觉他而觉行圆满

佛，是古代印度梵文"佛陀"的简译。佛是什么，在中文来说：佛者，觉也。觉个什么？觉悟心性的自体。怎样才能自觉心性自体成佛呢？那必须先要修行大乘菩萨道的功德，所谓：自利（等于儒家的自立）、利他（等于儒家的立人），达到福（功）德资粮圆满，智慧资粮圆满，才可以成佛。所以自觉、觉他，觉行圆满，就叫作佛。如果用佛学来比方儒家学说，佛就是圣人的境界，菩萨就是贤人的境界。菩萨是梵文"菩提（觉悟）萨埵（有情）"的简称，中国初期的翻译，也叫作"开士"或"大士"。

我们借用了佛学这个比例来说明《大学》的"大学之道"。那么，"明明德"是自觉，"亲民"是觉他。"止于至善"便是觉行圆满而得道成圣了！这样一来，恰恰如道家的列子所说："东方有圣人，西方有圣人，此心同，此理同。"是不是如此呢！大家再去想想看，再做研究吧！

了解了前面所讲的理念之后，就可以明白这四句纲要的下文，所谓"知、止、定、静、安、虑、得"七个层次的学问修养次序，完全是衔接上文四句的注脚。不然，读了半天《大学》，好像在看教条式的条文，连贯不起来。就如说，"知止而后有定"到最后一句的"虑而后能得"，它究竟得个什么呢？

如果我们照前面所讲的理念，那就可以明白："虑而后能得"，便是得到"明德"之目的了。不然，这个"明明德"，也不知道从怎样明起？当然，既能达到"明德"的境地，那就真能达成"大学之道"这个道的境界了。

这样便可了解从汉魏以后，儒家、佛（释）家、道家，把各自修行的成果,都用中国传统文化的习惯用语,统统叫作"得道"。其实,"得道"这个名称,也就是从《大学》"虑而后能得"这个理念而来的。由此演变,到了唐、宋以后,佛家的禅宗普及流行,大致标榜禅以"明心见性"而得道。道家也相随而来,标榜以"修心炼性"而得道。儒家的理学家们,当然不甘落后,也自标榜以"存心养性"而得道。你们看看,曾子这一句"虑而后能得"的内涵,是多么隽永有味啊!

同时,禅宗把得道叫"开悟",真正开悟了才是明白佛学的理念,也有叫作"明觉"的说法,这"明觉"或"觉明",与"明德"和"得道",都只在名词的表达现象上,依稀恍惚,仅有轻云薄雾,忽隐忽现的界别而已。解脱了这些名相的束缚,就知道它们并无多大差别了。

十一、朱晦翁昧改《大学》

「亲民」改作「新民」
擅自改编《大学》次序
一字之差的故事

讲到这里,本来就要接着研究由"知止"到"虑而后能得"这一段的求证学问。但是,从南宋以来,因程朱章句之学对中国文化七八百年来的影响太大了,我们也不能不加重视,先来探讨。这样也是对先辈学者的尊敬态度,不能随随便便就一律抹杀。现在且看朱子(熹)的章句:

> 程子曰:亲当作新。
>
> 大学者,大人之学也。明,明之也。
>
> 明德者,人之所得乎天,而虚灵不昧,以具众理而应万事者也。但为气禀所拘,人欲所蔽,则有时而昏。然其本体之明,则有未尝息者。故学者当因其所发而遂明之,以复其初也。
>
> 新者,革其旧之谓也。言既自明其明德,又当推以及人,使之亦有以去其旧染之污也。
>
> 止者,必至于是而不迁之意。
>
> 至善,则事理当然之极也。言明明德、新民,皆当止于至善之地而不迁。盖必有以尽夫天理之极,而无一毫人欲之私也。
>
> 此三者,大学之纲领也。

大家不要小看了这一段文字，它的思想，后来影响元、明、清三代六七百年，使汉唐以来的中国文化发展受到障碍。严重地说，中华民族国家的积弱成性，也是由此种因。民国初期的五四运动，大喊打倒孔家店，实在不是胡闹。其实，孔家老店，倒还货真价实，只是从南宋以后，这一班宋儒理学家们，加入了孔家店，喧宾夺主，改变了孔家店原来的产品，掺入的冒牌货太多。尤其以程朱之说，最为明显。

"亲民"改作"新民"

先说朱子冒用其师程颐的意见，非常大胆地将古文《大学》首列的"在亲民"一句，硬要说："程子曰：亲当作新。"这真叫作造反有理，这不是明明白白涂改文书，等于秦桧加在岳飞身上的判决——"莫须有"吗？

因为把"亲民"的"亲"，当作"新"字来解释，他可非常有力地把后文"苟日新，日日新"来证明自己涂改有理。因此，他便可以大谈静坐观心，畅论心性微言妙论的教化，认为人人如此，才是学问，才能革新改过，才算是个新人（民）。

岂不知下文由格物、致知，到诚意、正心、修身的个人学养成就以后，跟着而来的齐家、治国、平天下都不正是真实做到亲民的学问吗？如果要人们天天换作"新民"，岂不就要随时变更政策，常常要来一次什么大革命吗？所以这个思想，后遗的流毒太大了！

擅自改编《大学》次序

朱子不但如此，又将古文《大学》的文章，运用他自己的观点,重新改编次序,分为十章。因此,在南宋以后的《大学》《中庸》,便有"右一章""右十章"的注释。当我在童年时候,一般同学们读书读得疲劳了,便大喊:啊哟!我现在又读到"发昏"第一章啊!

这便是由南宋以后到清末民初,读书人为考功名,不得不永远墨守成规,以程朱"章句"之学为准则。但当朱子在世的当时,当权派提出反对程朱之学的大有人在。只可惜他们在历史上的"政治品格"太差,不但在当时起不了作用,就在后世,大家也绝口不提他们。你说是谁,就是南宋的秦桧(反对程颐)、韩侂胄(反对朱熹)。他们指摘程朱是伪学,要求禁止。如果排除了历史上奸臣的罪名,就学术而言学术,恐怕也未可厚非。

倘使在北宋时期,有如欧阳修、司马光、苏东坡等在位,恐怕朱子之说,必遭批驳。当时,如王安石的经学造诣,未必不及朱熹,甚至宋神宗明令规定考试经义,都以王安石的注解为标准,结果也遭到反对。所以,王安石的注解,在后世便不流传。

以此为例,朱子岂非是时代的幸运者?这正如曾国藩晚年所说:"不信书,信运气。"宋、元以后,程朱之学大行其道,并非朱子自己,实为当政的领导者——帝王们,想靠它牢笼天下之士,为其所用,并且要乖乖听话,不敢违背先儒,更不敢违背君父,如此而已。

一字之差的故事

讲到这里,忽然想起一个禅宗的公案(故事),颇有类同之处,不妨讲给大家轻松一下。在盛唐的时期,禅宗大行其道。百丈禅师在江西的百丈山,开堂说法,座下学僧听众不下千人。在听众中,有一个白发老翁,天天都来,而且都是最后离开。长期如此,引起百丈禅师的注意。有一天,百丈说法完毕,大家都散去,这个老翁还没有走。百丈禅师就特别过来问他,你为什么每次都迟迟不忍去,应该是别有问题吧?老翁听了就说:"我正有一个重大的疑问,请师代我解脱。"

百丈就说:"你问吧!"老翁说:"我在五百生以前,也是一个讲佛法的法师。有人问我:'大修行人,还落因果否?'我就答他说:'不落因果。'因此果报,堕落变成野狐的身命,不得解脱。请问大师,我究竟错在哪里?"

百丈禅师听完了,便说:"你再问我吧!"那老翁就照旧重复原句向百丈禅师请教。百丈就很严肃地大声回答说:"不昧因果。"这个老翁听了这话,就很高兴,跪下来拜谢说:"我得解脱了!明天,请老和尚(指百丈禅师)慈悲,到后山山洞里,为我火化这个身体。但希望您老人家不要把我当作异类(畜生),请你还是把我当五百生以前一样,用一个出家人的礼仪,烧化我吧!"

百丈禅师点头答应了。第二天,百丈告示大众,穿起正式僧服的袈裟,到后山烧化一位亡僧。大家听了很奇怪,因为近日内,并没有出家同学死亡,怎么老和尚要大家去送一位亡僧呢!结果,到了后山,在一个山洞里,百丈拖出一只死去的狐狸,身体如刚生的小牛那样大,百丈亲自举火,依出家人的礼法烧化了它。

这就是后世相传,对一般乱讲禅道的人,叫作"野狐禅"的来历。我讲这一个故事,不是对朱子的侮辱。明明曾子所著《大学》原文是"亲民",为什么一定要改为"新民"?假如曾子有知,岂不笑他胡闹吗?如果朱子说,这"亲民"的"亲"

字，还包含有"做一个新民"的意义，或说"亲者，义亦如新"即可，这就无可厚非了！用不着硬改原文啊！其实，明儒理学家王阳明，也已发现朱子太过分了，他也不同意改"亲民"做"新民"。

十二、"明明德"要"明"什么

宋儒理学兴起的背景

朱子"虚灵不昧"说的探究

接着,朱子解释"明德",他的奇言妙论就出来了。

在这里我们先要了解,从朱子的老师二程夫子(程颐、程颢两弟兄)开始,被后世所称谓理学家的理学,是宋代中期以后突然崛起的学术思想,在中国的哲学思想史上,形成为宋儒学术的大系。

宋儒理学兴起的背景

其实,追溯起来,理学的兴起也不算太突然。因为唐宋以来的知识分子,早已看不惯、也受不了他们当时所处的情况:那就是由唐到宋,由于佛教禅宗的教法和道教思想的流行,普及到上下层各色社会,而几乎使传统的孔孟之教,黯然无光。因此,在学习佛道两家学问以后,便渐渐形成以儒家的孔孟之道为中心,左倾反道,右倾排佛,建立了宋儒理学的特色。这是由民族意识的顽固偏见出发,不了解人类整体文化的胸襟。但对古人而言,这种胸襟,固亦不可厚非。

同时,他们上取唐代韩愈一篇论《原道》的文章,标榜中国固有的传统之道,由"尧、舜、禹、汤、文(王)、武(王)、周公、孔、孟"的传承,虽然到了孟子而斩,但他们宋儒又重新悟道而承接上了。所以我常说,中国固有传统文化的读书人,无论老儒新儒,常常容易犯一种自尊狂的毛病,他们自认为从尧、舜、禹、汤、文、武、周公、孔、孟以后，谁也不是真儒，当今天下，唯我独尊，孔孟以后，只有我才够得上是真正明白儒家学理的人。这样的儒家，我数十年来接触到的、看到的太多了。因此，很了解宋儒理学家们的心态动机，也不外此理。

但在韩愈的《原道》以外，更重要的，是受昌黎先生的弟子李翱一篇《复性书》的启发。殊不知李翱的《复性书》，正是受到他的皈依师父药山禅师的激励而来。

因为禅宗所主张的明心见性而得道，是根源于佛说一切众生的自性本体，原是光明清净的。只因受欲念情思等心的习气所染污，所以便堕落在生死轮回之中。（所谓轮回，就是循环往复、旋转不停的意义。）一个人能一念回机，明自本心，见自本性，就可返本还原，得道成佛了。

同样的，唐宋以后的道家，也与禅宗互有关联，例如道教《清静经》的主旨，也说："人能常清静，天地悉皆归。"

人生在任何一个时代，要想做到思想、学术、生活完全能脱离现实而独立生存，肯定地说是绝对不可能的。尤其是一个知识分子的儒者，如二程夫子、朱熹先生等读书人，当时学了佛道两家的学问修养，就回来反求诸己，重新打开孔家店，自立门户成家，那也是无可厚非、情有可原的事。这些确实资料，你只要遍读程朱两家遗集，及明了历史演变，就到处可见。但最不能使人赞同的，明明是借了别家的资本，或是偷用了别人的本钱，却又指着别人的大门大骂"异端"，实在是令人齿冷，令人反而觉得假道学倒不及真小人了！

朱子"虚灵不昧"说的探究

现在，我们且看朱子怎样注解"明明德"和"亲（新）

民"的涵义。这段注解在前一章已经引述出来。现在我们为了讲解方便，也为了加深印象，再次引述他的注解如下。他说："明，明之也。明德者，人之所得乎天，而虚灵不昧，以具众理而应万事者也。但为气禀所拘，人欲所蔽，则有时而昏。然其本体之明，则有未尝息者。故学者当因所发而遂明之，以复其初也。新者，革其旧之谓也，言既自明其明德，又当推以及人，使之亦有以去其旧染之污也。"

这一段话可以说是朱熹先生代表宋儒，以及程朱理学的最高哲学的主旨。我们把它试着用现代白话来说清楚。他说：《大学》所讲"明德"的内涵，是说什么呢？他说：那是说人们生命中本有之性，原来本是虚灵不昧的，它能够具备一切的道理，而且能够适应万事的作用。

注意啊！这是朱子说，天生人性，本来便是"虚灵不昧"的，人性本来是具备理性，能够适应万事（万物）的。

但是这个"虚灵不昧"，被天生生命的禀（秉）赋及气质的功能所拘束，又为人心自己的欲望所蒙蔽，所以有时候就昏迷不清醒了，也可说不理性了。不过，那个人性的本体，还是照样很清明的，并没有停息过。所以学问之道，就要在它发动气禀、发动人欲的时候来明白它，就立刻恢复它的最初面目。

注意啊！孟子认为人性本善，朱子当然知道。但他不用"性善论"做定位，却用"虚灵不昧"四个字来说明人的本性，这就不知所云了！等于和尚不信佛经佛说，专门学那些五花八门的特异功能之说来当佛学。

"虚灵不昧"是心理上的一种境界，也可以说是意识形成的知觉或感觉的心态，这是由父母所生以后的后天现象作用，说它是后天的个性还马马虎虎，如果说是父母未生以前的先天之性，就大有问题了！况且"虚灵不昧"，是他从佛家的禅宗，和道家讲究心地做功夫的术语因袭而来的。庄子的"虚室生白,吉祥。止,止,"百丈禅师所讲的"灵光独耀",甚至禅师们惯用的"一念灵明",这些都是做静定修养功夫中,心理上所呈现的境界状态,怎么就硬塞了进去,指定这就是曾子所作《大学》明德的内义呢?

好了!我们姑且承认天生人性本来就是虚灵不昧吧!但朱子又说有一个气禀的气质之性是很厉害的,它拘束了这个虚灵不昧,而被人性所蒙蔽。那么,虚灵不昧的人生自性,同时也并存有两个魔性,一个是气禀,一个是人欲。它们两个又从哪里来呢?是不是如朱夫子自己所说,也都从自性本体中来呢?怪不得后世人辩讲宋儒程朱的理学,说它是"理气二元论"。其实,他对人欲和本体的关系还交代不清,可以说是"理、气、欲"的三元论啊!

朱子又说:虚灵不昧的理性,它本身是明白的,并未停息过,只要你在人欲发动的时候,明白了它的作用,就可恢复到当初的"虚灵不昧"了!这也就是理学家所说的,"人欲净尽,天理流行"的大机大用了。朱子这个"复其初也"一句,便是从李翱的《复性书》而来的。如果有人要问:既然复其初了,是不是永远会在虚灵不昧之中呢?问题来了:

(一)那个气禀(质)之性增强力量,比你"虚灵不昧"还大,是不是又被它所拘,虚灵不昧又被它拖垮呢?

(二)如果人欲投靠了气禀(质)之性,气质帮忙人欲,你的虚灵不昧敌不过它两个合力进攻时,又如何呢?

倘使这样诡辩下去,正如西方文化中的上帝万能,却永远消灭不了撒旦(魔王)。所以撒旦永远与上帝并存,万能就等于无能了!

我们只能到此打住,不必再论辩下去。正如禅宗的德山禅师所说："穷诸玄辩，若一毫置于太虚。竭世枢机，似一滴投于巨壑。"言说论辩，终归是"戏论"而已。我们最重要的结论是：朱子所说的"虚灵不昧"，只能说它是《大学》下文"止、定、安、静"求证功夫中的一种境界，不可以用它来诠释注解"明明德"就是"虚灵不昧"。更不可以就把它当作人生天性原初的本体。不然，朱子会被人认为是权威学阀的武断，至少是鱼目混珠的误用吧！岂不太可惜了吗？

（三）如果说，人活着的时候，还可修养到"虚灵不昧"，那人死了以后，这个"虚灵不昧"又到哪里去了呢？它还存在吗？还是死了就不存在了？不论死后是否存在，这个理性的作用，它是生物的，还是纯粹物理的？本体究竟是物还是心？到今天为止，整体人类文化，无论宗教的、哲学的、科学的，都还无定论。即使已有定论，实在也一言难尽，以后专题再说。

至于朱子强改《大学》"亲民"为"新民"，虽然也言之成理，煞有介事，但毕竟是妄加涂改，未免牵强，前面已经说过，在这里就不必再提了。

总之，我们反反复复，检点讨论了那么多，现在应该老老实实，归到结论上来，"明明德"究竟是什么意思呢？答案是：自明"内明"学问的准则，为"大学之道"的纲要。至于怎样才能达到"明明德"的实际，那就在下文用"止、定、静、虑"等学问层次去证得了。

如果我们胸襟放大，不学宋儒那样，把儒家变成宗教式的排他性，则可借用他家的话做比类了解，就容易明白得多了。譬如老子所说"知人者智，自知者明"，可以借来用做"明明德"的发挥。因为世上的人们，几乎都苦于不自知。换言之，人都缺乏自知之明。等于禅师们所说，人人都不知自己的本来面目，因此自心不明自心而不能见道。又如早于孔子的管仲也说，"圣人畏微，愚人畏明"，"聪明当物，生之德也"，都是相同的道理，所以学问之道，首在"明明德"。

好了！《大学》纲要，已经研究过了，现在再来开始探讨下文"知、止、定、静、安、虑、得"的七证学问。

第二篇 七证的修养功夫

十三、千古难明唯自『知』

谢谢你没有说破

『浑沌』竟不得好报

第二篇　七证的修养功夫

至于《大学》一书中，有关"知止而后有定，定而后能静，静而后能安，安而后能虑，虑而后能得"，我所谓这是"大学之道"的"七证"（七个修证的层次），看来平平淡淡，其实，这不但是曾子特别提出孔门心法求证实验的修养功夫，同时也代表周秦以前儒道不分家的传统文化中，教化学养的特色。

如果我们对中国佛道两家的发展史略有了解，就知道这个"知、止、定、静、安、虑、得"的"七证"说法，从秦汉以后，就被道家修炼神仙之道所引用。到东汉以后，佛学传入中国，讲究修习小乘禅定的罗汉果位和修证大乘道菩萨地位的止观方法，也借用了"止、定、静、虑"的说法。直到现在两千多年，仍然犹如擎天一柱，屹立万古而不可毁。曾子著《大学》的时期，约在公元以前四百七十年之间，希腊哲学家苏格拉底还刚出生。而佛学开始传入中国，约在公元开始六十五年以后。距离曾子时期，约有五百多年的差距。

我们先要了解这个文化历史的差距，然后再借用佛道两家的学术来加以说明，就比较自然，以免有先入为主的观念，容易发生碍难接受的反感！

但《大学》所列举这七个修证层次，第一个便是"知"字。我们是中国人，当然都明白这个"知"字是"知道"的"知"。由知觉到知识，知己到知心，乃至天知、地知、你知、我知、他知，都是假借这个"知"字而来。知就是知，还有什么问题呢？

如果你仔细研究，问题可多着咧！我们的生命，为什么会有一个作用，能自然知道一切事和一切物（东西）呢？自古以来，大家也都认为天生而知，或者说，因为我们有灵性、有心，所以便能知一切事物。依照现代人来讲，因为生物有脑的作用，所以便能知一切。但是无论你说是灵性也好、心也好、脑也好，这还只是人类文化文明所产生的，人们自己认定的学说。究竟"能知之性"的第一因，从何而来，如何产生，仍然还是科学、哲学上一个大问题。

这和宋儒理学家所主张"性理"或"理性"之知，以及明代著名理学家王阳明先生，特别从孟子学理中提出的"良知"、"良能"之说等，实在也还存在人类文化史上永远还未解决的基本大问题。

如果我们从中国哲学史来看，尤其是佛家的哲学传入中国以后，往往有把"知"和"觉"字，随便解释为同一义语。但从逻辑（推理）和科学分析来讲，这两个字义又不能随便含糊同用。所以在心理学和医学上，知觉与感觉，必须清楚地分别。

例如在初唐时期，禅宗六祖慧能大师的弟子、荷泽神会禅师，就直接提出"知之一字，众妙之门"。这是肯定地说，"知"，就是入德之门。"知"，便是明道悟道的最基本的作用。无知的，就如木头石块，与道无关了！

以现代人来说，一个人，如果变成了植物人，他的些许反应，算是有知无知呢？或只是生理的反射而已呢？可以说，这还是一个存有争辩的问题。人如死了，这灵知之性，究竟还存在不存在？这也还是一个重大的问题。即使不谈这些问题，这一"知"，就是人性生命的第一因吗？荷泽所说"知之一字，众妙之门"，以及王阳明的"良知""良能"之说的"知性"，完全对吗？

谢谢你没有说破

这个问题，在中唐、晚唐时期，当禅宗正在光芒四射的时代，早已有禅师们对"知之一字，众妙之门"提出无言的反应。最有名的如禅宗公案记载，有一位香严禅师，跟沩山大师参学很久了，沩山禅师却对他说：你问一答十，问十答百，这些都是你的聪明伶俐，意解识想。对于生死根本，父母未生时，你试说一句看？沩山这样一逼，弄得他茫然不知所云。他便自叹说：画饼不可充饥。请求沩山为他说破。沩山说：假如我告诉你，你以后一定会骂我，我说的是我的，始终与你无干。

香严禅师听了，就把平常所看的经书文字烧了，很愤恨地说：这一生决定不学佛法了，只做一个到处云游，混饭吃的和尚算了，免得自己劳役心神。因此，就向沩山拜辞，哭着走了。有一次，到了南阳，住在慧忠国师过去住过的寺院里，他很喜欢这个地方。一天，他起来铲草，碰到一块瓦块，随手一抛，瓦块打到竹子，啪的一声响，他就忽然开悟明白了！立刻回到住处，洗好澡，点上香，向沩山住的方向叩拜说：老和尚，你真是大慈悲，恩逾父母。如果你当时为我说破，我哪里有今天的事啊！因此他就写了一首偈语说：

一击忘所知　更不假修持
动容扬古路　不堕悄然机
处处无踪迹　声色外威仪
诸方达道者　咸言上上机

沩山知道了便说：这个小子，总算彻底明白了！

这就说明忘其所知，才可近于入道之门了！

"浑沌"竟不得好报

另外，如大家公认为道家的祖宗老子，早就提出"绝圣弃智，民利百倍"。这是他明显否定那些自认得道的圣人，认为他们便是扰乱苍生的家伙，那些自认为有知识的智者愈多，人世间就愈不得太平了！所以他又主张"知者不言，言者不知"、"大道无名"等等说法。

再如道家的庄子，用一个"寓言"的故事说：南海有个大帝，名字叫倏。北海有个大帝，名字叫忽。中央有个大帝，名字叫浑沌。

有一天，南北两个大帝在浑沌那里碰头。浑沌对他们太好了，这南北两个大帝一商量，我们怎样还报浑沌的恩德呢？会议结果，认为人人面上都有七窍，所以能够看，能够听，能够吃，能够呼吸，只有浑沌没有这样的功用，太可惜了！开罢！我们有志一同，同心协力为他开窍。于是，每天为他打一个洞，到了第七天七窍开了，浑沌也就死了！这真变成因福得祸，报德以怨了！

我们引用了佛道两家的一些故事，说明他们都同样认为，"知"并不是心性道体无上妙法。"知"不是道的本体。换言之，"知"，不是"能"。"知"只是"所"。"知"是由一个能知的"所"生起的一个最初作用而已。

十四、沿流不『止』问如何

『知』与『止』的互动关系

吹毛用了急须磨

《大学》所讲"知、止、定、静、安、虑、得"的七个修证学养的层次,我们已经讨论过第一要领的"知"字。现在应该研究第二个层次的"止"字。当然,大家都明白"止",便是停止的意思。但是,要停止什么呢?这个问题,可以说真正不容易随随便便就可以讲得清楚。最好的办法是,先要了解"止"字有两个内涵:

　　一是内在的——"内明"之学的"止"。也就是宋儒理学家们借用庄子所说的"内圣"之学的"止"。

　　二是外用的"止"。也就是庄子所说的"外王"外用之学的"止"。不论是上为领导天下的帝王,下及一件事业(包括工、农、商、学)的领导人,或是只做一个家长,或是只做一个极普通的平凡人,怎样把自己的思想行为,做到恰如其分的止。

"知"与"止"的互动关系

　　我们了解了这个"止"字的定义,涵有内明(内圣)外用(外王)的两重作用。其次,再从"内明"的"止"字讲起,才能引申到外用"止"的作用。

　　但不论是"内明"的"止",或"外用"的"止",首先又必须从"知止"这个名言辞句的逻辑次序讲起。因为"知止"

这两个字联结在一起的话，便有这个问题：是先"知"道了才能够"止"？或是先"止"了才能够"知"？答案是：先"知"道了才能够"止"。这是理性的智知作主观，是主导。那这一"知"便是主；"止"便是宾，是客观的，是被领导的作用。譬如看到前面有火，便自行停止前进。这便是"知"是主；停止的作用是宾。又如肚子吃饱了，再不想吃了，脾胃满足了，反映到意识或脑，必须停止不吃了。这便是"止"为主；"知"道饱了应该不吃，这"知"就是宾了。朱子注释《大学》，在这个要领上，只从"止"字着眼，对这"知"并未特别注意，或是有意无意地忽略过去，不得而知。但这是关键所在，不能含糊放过。

了解了这个关键以后，再来研究"知止"或"知止而后有定"，就有理路可循了。换言之，就合于推理的程序，较易明白"内明"的性理之路了。这样的结论，当然是"知"为主，"知"为先导；"止"为宾，"止"是主导所造作的一种境界。

讲了半天，大家可以问我：你这样自说自话，东拉西扯说些什么呢？是的，我要说了！所谓"知止"的"内明"之学，是要每一个人，先来明白知道自己的心理心态，或更明白地说，自己的心思和情绪。无论是上为天子（帝王），下为平民（庶人），人们的心思和情绪，从睡醒起来，再到进入睡眠的时候，在这一天的生命历程中，能够数得清、记得全经过多少思想、乱想、幻想吗？至于其中所起浮生灭的各种大大小小的情绪，就更不用说了。而且这些复杂万分的思绪，在我们进入睡眠时，还会如多面镜子般地互相曲折反映，幻化出各种奇怪难解的梦哪！谁能把此心思绪，清清静静、平平安安地时常摆在一个清明、清静、安详的境界中呢？恐怕是绝对不能做到的吧？答案是：能够做到的。问题是人们不知道自己怎么来"知止"。所以我常说，英雄可以征服天下，而不能征服自己。圣人之道，首先要征服自己，不想征服天下。征服天下易，征服自己难。降伏自己的心思而反归平静，初步能做到如老子所说的"专气致柔，能婴儿乎"，才能渐渐达到"知止"而进入"明德"的果地。

在这里，我们再借用禅宗一首偈语来说个明白。一生严格教化子弟的临济大师，在他临终时，还写了一首偈语，特别垂示弟子们要严谨修行，不可懈怠。他说：

沿流不止问如何　真照无边说似他
离相离名人不禀　吹毛用了急须磨

吹毛用了急须磨

这首偈子的文字意思是怎样说呢？第一句："沿流不止问如何"。是说：我们人的思想、欲望、情绪、意识，等等，由生到死，每一天、每时、每秒，所有这些心思，犹如一股滚滚洪流，滔滔不绝，对境动心，或起心造境，绵延不断地流动，永远无法使其停止，自问、问你，怎么办才能得止啊？

第二句："真照无边说似他"。但你要自己反省，认识自己天生自性本来就有一个"能知"之性的作用存在。要自己提起那个"知性"，如无边际的照妖镜一样，自己来看住管住那些妄想和妄情。犹如自己注定视线，对镜照面，一直照，不动摇地照，渐渐就看不见镜子里的面目幻影了。镜子清静了！空灵了！如果这样用功反省反照，那便可以说很像接近"他"了！"他"是谁？勉强说："他"是道啊！但是即使是这样，还只能说好像"似他"，但并非是究竟的大道。

第三句："离相离名人不禀"。这是说，人的生命自性究竟的道体，是离一切现象的名和相的。但是人们始终自己不明白，自己不理解，也说不清楚。它也不是永远禀（秉字通用）赋在你身上，因为此身长短是虚空啊！

第四句："吹毛用了急须磨"。吹毛，是古代形容锋利的宝剑，只要把毛发对着剑锋，一吹就断，它太锋利了。这是形容人们的聪明智虑，不管你有多么锋利，多么敏捷能干，如果不能随时回转反省自修而还归平静，包你很快完蛋，而且此心被习气所污染，就如滚滚旋转的车轮，不停不回，堕落不堪了。所以说：就算你聪明灵利得像一把吹毛宝剑一样，也必须要知道随时随地，好好保养它，轻轻一用，就必须再磨利干净啊！

临济大师到底是禅宗五宗的开山之祖，他这一首偈子，我是欣赏佩服之极，它把性理修养和文字，轻轻易易地联结在一起，决非一般诗人所及。现在，我们借用它来说明"知止"的学问修养境界，应该是比较明白了！好了！这一节，讲到这里，我们也应该是"吹毛用了急须磨"了！

十五、实在难能说一『定』

『止』与『定』的因果关系

九次第定的修证功夫

『觉』与『观』的四个层次

前面研究讨论的，是"知止"的"止"，是属于"内明"学问的"止"。等于佛学所说的"制心一处"和"系心一缘"的"制止"的"止"，是都属于佛家小乘禅观心地法门的原则。如果从整个地球的人类学立场出发，认真研究这些学问，你可发现在公元前四五百年之间，同时同样地，讲究人类自己身心性命的修养学问，只有中国和印度，有这一门的科学同步发展。其他如埃及、巴比伦、希腊，虽然早已有了哲学的雏形，但仍似依稀仿佛，具体而微，后来渐渐形成以宗教为主导的西方前期文化。

但讲究"止、定、静、安"的具体研究，不必讳言的，以印度佛学为最精详，也最科学（注意，我说的是指这身心性命修养的一门科学，并非说它就是自然科学，如声、光、电、化等应用科学一样。这个观念，不可以随便混淆）。

"止"与"定"的因果关系

因此，我们现在继续研究下去，便须从"知止而后有定"这句话所指出，由"止"到"定"的两个层次来讨论。简单地分别来说，"止"是"定"的因，"定"是"止"的果。也可以说："止"是"定"的前奏，"定"是"止"的成效。

因为照这样的思路来讲，我认为对孔门心法《大学》的研究，比较更有价值，而且对上古中国传统文化的精华，更显出特色。但这不是从民族国家意识立场来强调其说，事实确是如此。不过，这样一来，不从佛学，或者说不借用佛学来说明，仍然还是含糊不清。宋、元、明、清以来的儒家理学家们，就因为困于门户之见，死守固有藩篱，不但无法发扬光大，反而钝置儒道所长于无用之地，很是可惜！

大小乘的佛学，它的修证原则的基本，便是"戒、定、慧"三学。所谓戒学，犹如中国上古文化中的礼学，所谓"礼仪三百，威仪三千"，是属于由心理行为起点，推及到立身处世，甚至和世间生物的整体道德息息相关。它和人类世界所有法律的法理哲学，有很重要的密切关系。但是人们很随便地把它归入宗教的档案里了，真也一言难尽。在这里，我们不能离题太远，暂且不论。

至于有关"止"和"定"的修证学问，更是佛学求证大觉的中心。从印度梵文译成中文，流传影响最广的，就是"禅定"这个名词。其实，梵文的"禅那"（dhyana）含有寂静精思的内涵。而魏晋以后初期的翻译，便借用《大学》的"知止而后有定"，保留原来的"禅"音，配合一个"定"字，因此就叫作"禅定"了。到了初唐，玄奘法师又改译作"静虑"。这样一来，更明显的是借用"静而后能安，安而后能虑"，充分表达出是"思惟修"的内涵。

可是，在佛学修证上，严格说来，"止"和"定"，它的作用和境界，又各有界别、功果的不同。例如佛说："如香象渡河，截流而过。"这是很恰当的形容，人们要把这个纷纷扰扰的心思暂时停"止"下来，就必须如力大无比的大象，有能从奔涛滚滚中，截断众流，横身而过的大勇才可，这便是"知止"而"止"的状态。

至于"止"的外用方面,大略说来,每个人立身于这个社会,都要给自己定位,也就是自己要确定这一生要干什么。在做一件事的时候,要知道自己怎么做,"止"于这一理念上,才能处变而宠辱不惊,处事而无悔。如能做到这个样子,在滚滚红尘里,也算得是一等一的人了。

九次第定的修证功夫

然而,在大小乘的佛学里,又把"止"和"定"的功果境界,统名为"三摩地",旧译"三昧",玄奘法师的新译,叫"奢摩他",这都是文字言语发音的差异,所以用字不同。另有一个译名叫"三摩钵底",是指"定"和"慧"同一境界之果。好像等于《大学》的"知、止、定、静、安、虑、得"的总和。

希望你们大家要稍安毋躁,暂且听一听佛学修证方法这一部分的简介,才好详细地研究下去。那么,佛学对于"定"学怎么说法呢?这就要提出大小乘佛法对于"定学"不同的原则了!

佛说小乘的"内明""定学",通称为"四禅八定",那是佛法和世间任何宗教、宗派,或一般学者都可能进入的一种身心修养境界。它的进度层次分作四禅:初禅,心一境性,离生喜乐;二禅,定生喜乐;三禅,离喜妙乐;四禅,舍念清净。它的心智境界,分作四定:空无边处定、识无边处定、无所有处定、非想非非想处定。

但佛说四禅八定是共法。也就是说:佛法和其他方面的修证程序,在身心的过程上,自有彼此经验相同,身心相同感受之处。至于佛法另有不同于共法的"定"境,就是阿罗汉的"灭尽处定"。所以佛学把它综合起来,便叫作"九次第定"。这便是小乘佛学修证功夫的学问。

如果以中国上古传统文化,儒道尚未分家的道学来讲,这是"内视"和"精思"的实际学养的内涵,并非徒托空言、虚构玄想的空话,它是有科学性的实验,更非盲目迷信来崇拜信仰,就能达到的境界。如早于孔子而生的管仲,便提出"心术"的重要,而且说"思之,思之,鬼神通之"的形容词。迟于孔子而生的庄子,就用"神明来舍"来表达。但须知管子、庄子所说的鬼啊、神啊,并非如童话和民间通俗小说的鬼神。鬼,是指精神阴暗不明状态的代号。神,是指上下通达的名词。庄子所说的神明,也是相同的意思。如照小乘佛学的四禅八定来讲,都属于"非想非非想处定"的境界。

　　在大乘的佛学里,固然也肯定四禅八定的重要,但却以"止"(奢摩他)和"观"(梵言:毗钵舍那)两个中心,概括了"定学"和"慧学"的整体功用。当然,最主要的,也是最后的,必须以"慧学"的成就,才是入佛智觉的真谛。

"觉"与"观"的四个层次

　　佛学大小乘中有关"止"和"定"的大要原则,已经概略知道。但在心理作用上,还有一层最重要的说明,那就是说,怎样才能够达到"止""定"的用心方法呢?

　　这在小乘的"禅观"的方法,又指出有"觉"和"观"的两个作用。"觉"是包括知觉和感觉。"观"是指理性"智知"的心态。当你自心反照,追索自己的思想心念时,你一定可以知道自己现在的心念思想现状。

　　举例来说,刚才我正在想吸烟或喝酒,可是在这个正在想吸烟或喝酒的同时,我们一定也有一个知道正在想什么的知觉,同时了然在心。再细一点来说,当你意识正在思维或在烦忧的时候，同时也有一个知道自己在做什么。这个作用，在心理学上，也可以叫它是监察意识。在哲学的理论上，便可叫它是理性或理智的作用。换言之，无论你在思想纷飞，或是喜怒哀乐发作的时候，自己必然知道。不然，你在心烦意乱的时候，你怎么会说我烦死了，或者说，气死我了呢？

明白了这种浅显的道理，就知道小乘禅观所说的"觉"，便是指这种知觉和感觉的作用。"观"是指同时有了解自心、观察自心的本能。因此，要达到修止修定的成果，可另作四个程式：（一）有觉有观，是初步的禅修境界。（二）有觉无观，可能是半昏晦沉没的境界。（三）无觉有观，可能是心思出位，浮想纷散的境界。（四）无觉无观，达到心境一片清明，也就同朱熹注《大学》"明明德"的解释中，所提出的"虚灵不昧"的境界。其他理学家们，也有叫它是"昭昭灵灵"的。禅师们也有叫它是"历历孤明"的。如果一个人对心性修养，真能达到这种程度，当然是合于"大人之学"的"知止而后有定"的一种标准。但在大乘佛学来讲，即使修养到此程度，也只可以说达到半途，未尽全程。

大家试想，宋儒理学家们，根据《大学》的"自天子以至于庶人，一是皆以修身为本"，要求做皇帝的天子，以及做人臣的王侯将相，必须个个具备这样的学问修养，做到"虚灵不昧"，去尽人欲，为天下表率。这岂不是要他们比和尚更和尚吗？他们说：尧舜能的！人人都可为尧舜，有何不能！真是迂拙空疏到了极点。所以使南宋的江山，上下臣工，都在"平时静坐谈心性，临危一死报君王"中完结了！怪不得高明的汉文帝要说："请卑之，毋高论。"才能使那些帝王老板们听得进去！因为他们的命运机会好，不幸做了帝王，当了老板，但他们的人品，毕竟还是一个平凡的人，甚至比平凡人还要平庸呢！

大乘佛学对于修习"止""定"的说法，又是怎样一个原则呢？那就要了解玄奘法师翻译的佛经里，不用"有觉有观"的字样，却有更精细的描写，叫"有寻有伺"。寻，譬如灵猫捕鼠，在找。伺，犹如黄龙南禅师说的"如灵猫捕鼠，目睛不瞬，四足踞地，诸根顺向，首尾一直"，伺机而动。用现代语的解释：寻，犹如拿一支手电筒来找东西。伺，犹如千万支电灯光下，照到物件投入光中。所以，初步用"有寻有伺"的心态去捕捉自己此心的清静境地。慢慢纯熟了，便到达第二步的"无寻唯伺"的心境。也就是已经不用太费心力，自然可以到达了。最后达到"无寻无伺"的地步，才能使意识清明，心如明镜的境界。

此外，还有配合心理生理作用的喜、乐情况，和暖、顶、忍等身心同步转化的作用，一言难尽。

总之，我们已经用了很大力气，花了很多时间，借用佛学来发挥"知止而后有定"的学问修养的概念。也等于褒扬了朱子学养，他对"虚灵不昧"之功，并非托空妄语，实在有他的见地。不过，不能含混加在《大学》"明明德"的意旨上而已。

十六、宁『静』致远究如何

重点在『淡泊』上
『动』与『静』的现象
形而上之道的『静』
千斤之重的『能』字

现在我们要继续研究的，便是"定而后能静，静而后能安"两句话中的"静"和"安"的道理了。

如果只从人们的心理意识来讲，一个人如果把心一定下来时，当然便有一种较为宁静的感受。尤其人的生活，每天活在极度的忙碌紧张当中，只要能够得到片刻的宁静，就会觉得是很大的享受。但也不一定，有些人习惯于忙碌紧张的生活，一旦宁静无事下来，反而觉得无比的寂寞，甚至自生悲哀之感。在人群社会中，这种人的比例，比爱好宁静的人，至少超过三分之二以上。那么，只有那些学者、文人、艺术家、科学家、诗人们，才是爱好宁静的啰！其实不然，这些人的思想意识和情绪变化，也非常忙碌，并无片刻的宁静。只是并不太注重外物的环境，而习惯于一种相似的"定"境之中。有时，忽然撞着一个特别的知觉或感觉，那便是一般人所说的灵感、直觉，甚至叫它是直观。其实，始终还跳不出意识的范围，并非是真正的宁静中来。

重点在"淡泊"上

好了，有人提出问题来了！

他说，诸葛亮的千古名言"淡泊明志，宁静致远"，这总算是真正的宁静吧！答案：差不多了！不过，你需要特别注意的，孔明先生这两句话的要点，首先在于"淡泊明志"的"淡泊"上，既然肯淡泊，而又甘于淡泊，甚至享受淡泊，那当然可以"宁静致远"了！一个人淡泊到了如孔子所说的："饭蔬食，饮水，曲肱而枕之"、"不义而富且贵，于我如浮云"，那当然是人生修养达到一种高度的宁静意境。孔明一生的学问修养，就得力在这两句心腹之言，所以隆中决策，已明明知道汉末的局势，必定只有天下三分的可能，但他碰到了穷途无所定止的刘备，要使他在两强之间站起来。又很不幸的，碰到一个天下第一号的庸才少主，永远扶不起来的阿斗。无论在当时或后世，如果甘于三分天下，抱着阿斗在蜀中安安稳稳地过一生，你想，他的生平历史，又是一个怎么的描写呢？所以他只有自求死得其所，六出祁山，鞠躬尽瘁，正所以表明他的"淡泊明志"的本心而已。

后人说孔明不听魏延出子午谷的提议是他失策，所以陈寿对他的定评，也说他善于政治，而不善于用兵。殊不知他早已知道尽他一生的时势，只有三分之一的定局。祁山六出，目的只在防卫西蜀，并不在侥幸的进取攻击。我知，敌人也知，而且对手并非弱者。如果出子午谷，胜算并不太高。假使由魏延向这一路线出兵，万一他中途叛变，势必腹背受敌。恐怕一生英名，毁于一旦而不得死所，所以否定这个计划。这是"宁静致远"，正是诸葛亮之所以之为"亮"也。他的用心，唐代诗人杜甫也早已看出来了，所以杜诗赞诸葛亮，便有"志决身歼军务劳"之句。身歼，便是他要以身死国的决心。

"动"与"静"的现象

现在我们要书归正传，首先要在科学和哲学的观点上，研究这个世界，这个宇宙，怎样叫作"静"或"静态"？而且真正有一个"静"的作用吗？过去在五六十年前，有一位名气很大的先生讲哲学，说中国文化就害在"静"字上，而且只知道"守静""主敬""存诚"，这都是儒家哲学的过错。有人问我，中国文化真的如他所讲的吗？我听了哈哈大笑，怪不得他对哲学搞不通，只浪得虚名而已。

基本上，中国文化并未在哪里真正说过宇宙是静态的，也没有确认有一个静的作用。例如大家公认为中国文化群经之首的《易经》，开始便在乾卦的《象辞》上说，"天行健"。怎么叫作"天行健"呢？这是说，这个宇宙天体，它永远在动。"行"字，就是行走运转的道理。至于下一句"君子以自强不息"，那是教人们也要效法天地，永远要自立自强，不要偷懒止息。天地宇宙，如不运转，那么，便如《易经》所说的道理，乾坤息矣！

不但天地宇宙永远在动中，万有生命也永远在动中。所谓的静，只是缓慢的动，或可说是太过快速的动，所以在感觉上叫它是静。其实，并没有一个真正的静。例如老子说："夫物芸芸，各复归其根。归根曰静，是谓复命。"这不是很明显可知，所谓的静，是一种生生不已，绵绵不绝，极大快速而却像缓慢的动作而已。譬如物理的真空，并非绝对的没有，它具有压力，也同时存在反压力，它能破一切，也能存在一切，只是人们还没有完全知道如何利用它而已。

地球在宇宙间永远在动，并没有一分一秒停止，但我们在大动中生存习惯了，反而觉得大地好安静。人们在车中、船上、飞机上，可以安静地休息或睡眠，并不会随时觉得车和船在行驶中，或飞机在推进中。当然，如果引用自然科学中的物理、化学，甚至电啊、光啊等等原理，有太多理由和事实说明，并没有一个真正的"静"。

但是相反的，天地宇宙之间，也没有一个真正的"动"。所谓"动"和"静"，只是正反、阴阳，一体两面的一种变化规律，在人们的意识、知识上，假名它是"动"是"静"而已。同样的道理，"空"和"有"，也同是这个原则。"生"和"灭"也不例外。

形而上之道的"静"

那么，究竟有没有一个真正的静态呢？答案：有的。这是说在心理意识作用上，在物质世界的现象上，都是有的。换言之，说并无一个真正的动和静的分别，是指形而上的道体功能而言。至于在有形有质的后天作用上，动和静的确是有比量（比较）的不同。

尤其在注重"内明"之学，作心理修养方面，更容易体会到静态，它和起心动念之间，大有差别的不同。其实，也可以说，在心性修养上，它和"止""定"的境界，是在程度上，有深浅的差别而已。

讲到这里，只好用偷巧的办法来说明，我们心理意识的思潮，连带情绪的波动，正如"黄河之水天上来"，夹泥沙而俱下，无法制止。历来治水的办法，一是疏导，一是堵防。《大学》所说治心的方法，第一步便是"知止"。所谓"止"的方法，就如治水一样，姑且打了一道堤防，先用智知来制心一处，渐渐分散流量，加以疏导。将犹如奔竞流水的此心，引入渠道以后，归到一个平原湖泊的时候，渐渐变成止水澄波，清风徐来，微波不兴，就是达到了"知止而后有定"的境界了。

但必须要知道，这样的"定"境，只是"内明"自修治心的一种现象，还不是定慧的一种最高境界。然后由"定"到"静"，那便是指"定境"上量和用的不同。静到了与外界隔绝，犹如《书经》记载大舜："烈风雷雨弗迷"。又如说，视而不见，听而不闻，就是山崩地裂，也如不见不闻，只有一个心境的静境存在。但纵使这样，也还是静的一种过程。

如由静境再进深入，就可到达没有内境外在的不同，到这里很难说清楚，只好用佛教《楞严经》上的话"净极光通达，寂照含虚空。却来观世间，犹如梦中事"来表达。不过，特别要注意，它所说的"光通达"的光，并非如一般宗教迷信者所解说的，如电光，或是太阳、月亮似的光，或者在头顶上，画一个光圈的光。这里所说的光，是形容词，是智慧成就的光，并非有相的光亮。

千斤之重的"能"字

我们有了前面所讲的理解，然后，再回转来读曾子的《大学》，所谓"定而后能静"的句子，他所用每一个"能"字，都不是只为写文章做介词或语助词而用的！先由"知止"，才能够得"定"。再由"定"了，才能够得"静"。这一直连下来的"能"字，实在是一字千斤之重，不可轻易忽略过去。有些年轻同学，学了几天或几个月的静养功夫，便自吹得太大了！我只好笑说："你真能，我愧未能。"中国的俗语说得好，你真"能干"！能才干，如不能而干，安得不糟且糕哉！

再说，"定"和"静"的差别，只好再借用水作譬喻：我们把流动中的浊水，装到一个容器（玻璃杯子）里，先让它不再流动了，便似"止"的状态。然后投进一点明矾，渐渐使水质澄清了，便似"定"的状态。等到水里所有混浊的泥沙，完全沉到杯底，水净沙明，玻璃与水，内外通明一色，便似"静"境的类比了。好了！听了不要用心去求静；一有用心，"君心正闹在"，早已不静了！

十七、无处将心为汝『安』

须先做到身心『轻安』
彻底『安心』的故事

既然已经"静"了,为什么又说"静而后能安"呢?普通我们都说安静一点,安定了才会静,为什么《大学》却说静了才能安呢?你说对了,我们个人或人群社会,和外物的情形一样,当乱哄哄的时候,只要安定下来,才有宁静现象的出现,所以便有惯用的"安静"这个口语。但《大学》所讲的"静而后能安",是由讲究心性修养的"内明"的实践经验,以及"外用"在人群社会的历史经验得来的总结定论,由静才能安。心乱则身不能安,社会动乱则国不能安,这是很平凡的现实。

至于说到"内明"之学,由心性修养到"静而后能安"的境界,它的实际情形,曾子在《大学》本文中,并无进一步的说明。即如宋儒理学家们,也轻轻易易绕过这个"安"字而不说了。事实上,"安"之一字,真的很难说。不得已,只好再向左邻右舍去找。但道家说得太玄,是偏于生理和物理的变化而言,恐怕大家误解,又胡乱去弄什么特异功能等花样,反而离道愈远了!因此,还是向佛家借用,较为合于逻辑。

须先做到身心"轻安"

无论如何,如果要讲修"止"、修"定"的方法和理论,向佛家输入的确是货真价实,一点欺人不得。我们在前面研究

"定"学时，已经提过佛家还有"暖"、"顶"、"忍"和"世第一法"这些现象，名为"四加行"。所谓"加行"，犹如现代工商业惯语叫作"加工"的意味。无论在大小乘哪一种修"定"的方法，都有这种"四加行"的附带作用。但在大乘的修习"止"、"观"的原则上，总结经验，便把这种"四加行"，归到一个很扼要的名词，叫作"轻安"。它包括"心轻安"和"身轻安"两个方面。所以真正作"内明"之学的心性修养功夫，到了"定而后能静，静而后能安"的层次，有如宋儒理学家们所说"人欲净尽，天理流行"的境界时，便会"如人饮水，冷暖自知"。此心此身，两者都有一种"轻安"清新的感觉。不过，还没有到达如《易经·系辞上传》所说"洗心退藏于密"的高层次。

明白了这个道理以后，便可知道与"轻安"相反的，就是"粗重"了！我们平常人，心粗气浮，那是很习惯的自然现象。至于这个身体吗，事实上，无时无刻不在病态的粗重拖累中。不过，人们已习惯于这种粗重感觉，如果忽然觉到轻灵得没有身体感受，一定会发狂，自认为没有我了！所以，道家和佛家传入西藏的密宗一样，有些人拼命修气、修脉（明点、拙火）等等，想把自身转化而飞空无迹，却忘了佛所再三告诫，以致去不掉"身见"，反而增加"见惑"的障碍。同样的，也不明白老子所说"外其身而身存"的原理。

彻底"安心"的故事

如果要再进一步了解心安和安心的上乘道理，那么，且让我们简略介绍中国的禅宗二祖神光的故事，可供大家参考。神光禅师，在他未出家以前，是一位研究《易经》等学问，很有造诣的大学者。为了追求形而上道，自己在香山（河南）打坐修定很多年。注意，他很多年的修习"定""静"等工夫，当然已有相当的心得，并非泛泛之辈。后来，他听说传佛心印的禅宗祖师达摩大师在嵩山少林寺面壁，他就来求见大师，向他求法。达摩祖师一见，反而大加训斥他一顿，使他难堪。但他为了表示极其至诚恳切的决心，甚至砍下了自己的臂膀。达摩大师因此而逼问他："你要求个什么？"神光便说："我心未宁，乞师与安。"达摩大师说："将心来，与汝安。"你拿心来，我为你安。神光听了，愣了半天，说："觅心了不可得。"我找我的心，怎么也找不到在哪里啊！达摩大师就说："与汝安心竟！"我已经为你安了心了！神光因此大悟，成为中国禅宗的第二代祖师。

请想，这个故事，同《大学》的"静而后能安"，你说有关还是无关呢？到底达摩和神光是怎样安心的，这便是"洗心退藏于密"的真奥妙了！但须达到"静而后"再来体会才行。

十八、众里寻他千百『度』

『虑』及『思』、『想』的意义
『虑而得』的道理

接着"静而后能安"以后,便是"安而后能虑","虑而后能得"。我们为了节省时间,快速一点作出结论。可以说,由"知止"开始,一直到"定、静、安"的程序,是"内明"学养"定"学的功夫层次。所谓"静、安",是"定"学效果境界的扩充。至于"虑"和"得",那便是"慧观"智知的成果。

"虑"及"思""想"的意义

"虑"字,原来是作思想的思字解,同时也有转注为忧思的意义。到了我们现代,惯用的名词,如忧虑、顾虑、考虑、思虑等,虽然每个名词的内涵,都有一些大同小异之处,但大体上,还是属于以思想的思字为中心。读古书古文,首先必须先从认识中国字的训诂着手,因为文字是思想言语的符号,尤其中文的方块字,用一个字做符号,就可归纳了好几个类同的意思。不像其他的文字,用好几个字母的符号,结合在一起,代表了一个意思。现在因为社会结构形态不同了,又受古今中外文化交流的汇通,所以文字也变成集合好几个字,才代表一个意识思想的内涵。

《大学》用"虑"字代表"精思",是当时的习惯。但在秦汉以后,跟着时代的变易,以用"思"字为多,而普通说话,是用"想"字为普遍。再下来到了魏晋以后，直到隋唐之间，因有梵文佛学的输入中国，必须要注重"因明"（逻辑）的思辨，所以把平常习惯混合互用的"思"和"想"字，必须分开说明。"想"字，是属于在心理上、头脑里的粗浅现象，叫它为"妄想"，甚至叫它是"妄心"。因为这种现象，它是跳跃不定，莫名其妙地一会儿自来，而又不知所以，一会儿又转过去了。它是虚妄不实在的，所以命名它是"妄想"。至于"思"字，它跟"妄想"不同，它是细致的、宁静的，并不像"妄想"一样，有扰乱自心的作用。譬如我们读过的书或经过的事，忽然忘记了，便要拼命去追忆、寻找，这便是"想"的作用。如果记得非常熟悉的书或事情，根本不用费心去找，自然而然、轻轻松松就知道了，这便是"思"的作用。

"虑而得"的道理

有了前面所讲的了解，就可明白"虑而后能得"的内涵了。甚至可说这个"虑而得"的道理，就如子思著《中庸》所说"不勉而中，不思而得"的境界。等于佛学所说的"慧观"或"观慧"是相同的情形。那么，"虑而后能得"，得个什么呢？答案：因为经过"知、止、定、静、安"的治心修养以后，思虑的慧力开发了，就可得入"明明德"而见道的真正成果。这便是关照上文，"大学之道"与"明明德"，不是空言思想，是有它实际的学养内涵啊！因此，他的下文，便有"物有本末，事有终始。知所先后，则近道矣"的结语。他是说，任何一样东西，都有一个根本的基因，也有一个顶点的末端。任何一件事情，总有最初开始的动因，然后才有最后成就的终结。如果一个人能够知道哪个应该是在先要做的，才能得到最后好的成果，那么他就可以接近入道之门了！同样的道理，你要明白"大学之道"、"明明德"的学问成果，必须要知道先从"知、止"开始，逐步渐修，进入"定、静、安、虑"，而"得"到明悟"明德"，才可以说真的能够接近"大学之道"的大道了！

说来真可笑，也很惭愧，曾子著作《大学》，为我们所讲的开头一段，他只用了五十八个字，我们却费了那么多的时间和精力，还不知道了解得对了没有。如果碰到庄子，他又大笑我们在偷啃死人骨头，可能还咬错了地方，把脚趾头当顶骨用呢！不过不要紧，我们这样研究，总比六七十年前三家村的老学究稍好一点。为了研究《大学》，昨天刘雨虹老师还为我讲了个笑话说：从前有一个乡村里的财主，开了一个家塾，请了两位先生来教书，一位先生带一班学生在楼上，一位先生带一班学生在楼下。楼上楼下，都先教学生读《大学》。楼上的先生教的是："知止而后能定定，而后能静静，而后能安安，而后能虑虑，而后能得……"啊哟！怎么少了一个"得"字呢？楼下的先生也正在教《大学》："知止而后能，定定而后能，静静而后能，安安而后能，虑虑而后能……"啊哟！怎么多了一个"得"字呢？有一位学生就说，先生，楼上的先生说少了一个"得"字，这位先生一听便说，那好，我们把这个"得"字借给楼上好了！

故事很有趣，好像瞎编的，其实，过去时代确有这样一类似通不通的教书先生。我在童年的时候，听过很多这一类的故事，现在，我也算得是其中的一个。

第三篇　内明之学

十九、万古帝王师之学

曾子『内圣外王』的大手笔

庄子所见略同

『圣王』须德术兼备

《大学》一书的第一节原文，我们的研究总算告一段落，接着而来，便是古人叫得最响的"八目"，所谓"格物、致知、诚意、正心、修身、齐家、治国、平天下"。但是，他们好像有意或者无意，却把在"诚意"之先的"格物致知"和"物格知至"的联系要点，放弃不顾。似乎又把孔家店里少东（少老板）曾子的珍品轻易抛弃，专卖那些可以被读书人当作升官发财敲门砖的东西。然后又拿它来威胁那些做皇帝的大佬倌，要他学做尧舜。致使那些本来就是孤（通"辜"字）负天下人的"孤家"，本来就是寡德自私的"寡人"，连一个最平凡的"我"字都不肯说，偏偏要说大家都不易理会的"朕"字。这样若不变成千古以来上下交相欺骗的历史，那才真是奇事呢！

时到现在，外国有些所谓学者们，又提出来"中国威胁论"的口号，说儒家思想学说对西方文化是一大敌手、一大威胁。这要再使孔家店所卖的"天下为公""世界大同"的仁爱珍品，又被诬蔑为假货了！此所以佛说为"至可怜悯"者也。

曾子"内圣外王"的大手笔

现在我们再来读一读曾子文章是怎样的大手笔，且看原文：

古之欲明明德于天下者，先治其国；欲治其国者，先齐其家；欲齐其家者，先修其身；欲修其身者，先正其心；欲正其心者，先诚其意；欲诚其意者，先致其知；致知在格物。

　　物格而后知至，知至而后意诚，意诚而后心正，心正而后身修，身修而后家齐，家齐而后国治，国治而后天下平。

　　自天子以至于庶人，一是皆以修身为本。其本乱，而末治者否矣。其所厚者薄，而其所薄者厚，未之有也。此谓知本，此谓知之至也。

我们读过这一段文章，是不是觉得与上文一节没有衔接紧凑，而且突如其来，好像随便撒下天罗地网，漫天盖地而来似的。尤其是受现代教育的人，写惯了博士八股式的论文，更会觉得不合逻辑。

事实上，大为不然，仔细研读曾子这篇文章，你会发现他真是齐鲁文化的大手笔。他是衔接上文说"内明"之学以后，接着便说：如果你真明白了"明明德"，要想自立立人，自利利他，亲自涉世来"亲民"济世，把"内明"之学付之"外用"，求得天下太平，而功德圆满，那你必须要知道"明明德""外（王）用"的重点是从何做起。所以他先来一记劈头痛棒说："古之欲明明德于天下者，先治其国；欲治其国者，先齐其家；欲齐其家者，先修其身；欲修其身者，先正其心；欲正其心者，先诚其意；欲诚其意者，先致其知。"然后又来"物格而后知至……"一路又倒转回来。这样一反一正，俨然犹如唐宋之间禅宗大师们棒喝的教育法，有时是赏棒，有时是罚棒，有时一棒不当一棒用。如果讲文章的逻辑，他是非常合于逻辑的原则。因为他先把问题的"平天下"用做前提，然后一正一反来归结定论,统在一句"致知在格物",和他起先讲"内明"之学的"知止"的智知,互相呼应,严谨明快,毫无半点渗漏。至于有关怎样才是"诚意""正心"等修齐治平之学的细节,统在后文分别开示,不落一步三摆的风骚小器格局。

我们读了曾子这一段文章,暂且抛开现代人的观点,来设想他生在春秋、战国之间,传统文化堕落,社会道德衰败,国际诸侯之间的政治道德浊乱。尤其自夫子崩丧之后,他父母之邦的鲁国,也已到了不可救药的地步,所谓世风不古,人欲横流,他是何等的伤心,何等的无奈!新兴而强有力的诸侯们,既不知道什么是"王道"之学来平天下,也不知道什么是"霸道"之学来治国家。但是个个都想争名夺利而做头头,那是普遍的现象。所以他只有把平生所学,笔之成文,希望传之于后世。这等于后来司马迁所说的:"究天人之际,通古今之变""藏之名山,以俟百世圣人君子",都是一番悲天悯人的情怀。

庄子所见略同

但我们读了这一段文章之后,很容易联想到一个他的晚辈,就是所谓道家的庄子。在庄子的著作里,有一段文章的观点,正好用来为《大学》这一段作注脚,那你便会豁然而悟,叹息宋儒理学家们分门别户之见的不通之处了!

现在,且让我们列举庄子所说的:

> 帝王之功,圣人之余事也。
>
> 夫卜梁倚有圣人之才,而无圣人之道。我有圣人之道,而无圣人之才。吾欲以教之,庶几其果为圣人乎!不然,以圣人之道,告圣人之才,亦易矣。吾犹守而告之,三日而后

能外天下；已外天下矣，吾又守之，七日而后能外物；已外物矣，吾又守之，九日而后能外生；已外生矣，而后能朝彻；朝彻，而后能见独；见独，而后能无古今；无古今，而后能入于不死不生。

有关于庄子，我另有专讲。现在引用他的话，用来反映曾子的"古之欲明明德于天下者"一段内涵，说明古来中外的英雄帝王，或是现代的英明领导们、老板们，是否都能自知有没有圣人之才，有没有圣人之道？并且还有一个，便是曾子提出的最重要的"明明德"之德，如果缺德，即使是有圣人之才，有圣人之道，也都不够格做一个平天下的人。

"圣王"须德术兼备

非常奇怪的，从印度输入的佛学，释迦牟尼也有相同的说法。佛学说到真能治平天下而致太平的帝王（领导），他的功德已等同于佛。这种明王，叫作"转轮圣王"。但他也和中国文化中春秋三世"衰世、升平、太平"的观点一样，转轮圣王也分几等，上等是能致天下太平的金轮圣王，其次是银轮圣王，乃至铜轮圣王、铁轮圣王。所谓转轮的意思，便是力能挽救一个时代，等于转动时轮，使它转进太平，才算在历史上具有圣王的功德。那可不是民俗所误解的，只在阎王殿上坐着，要人死命，鬼混一场，便叫他是"转轮王"。其实，那些都是混世魔王啊！

因此，佛也讲了一次治世帝王学，弟子们记载下来，便叫作《仁王护国般若波罗密经》。其实，他所说的"仁王"，是翻译中文时，为切合中国文化，借用儒家所说仁爱的"仁"字。换言之，就是"圣王"之学。不过，佛说的太过偏重于"内明"之学的修养，但说圣人之道，而不说圣人之治术，所以只好在佛教寺庙里流传，当作和尚们修"护国息灾"用的祈祷文了！总之，治世的德术，在两千年前，在中国整体文化中的儒道两家为主，连带法家、兵家、纵横家等学术之外，后世中外所有的著作，可以大胆地肯定，都是末流枝节而已，那些可以救一时之弊，而不足为千秋定论。也许，我也已落在偏见之中，不可认为定论，敬请见谅。

二十、知所先后的知性

胎儿是否有『知』
王阳明如何『致知』
明辨『能知』与『所知』
『生而神灵』参《内经》

现在再从"明明德"开始，一路下来，由"知止"直到"虑而后能得"一节，把它暂且归到个人自利的"内明"修养，而达到自立的"明明德"。每一个进步的程序，都有它的境界和实效。现在又忽然来一个峰回路转，把"明明德"推广到"齐家、治国、平天下"上去。也等于说，把它推展到"在亲民"的作为上去，倒也顺理成章，言之有理。但指标摆得那样高，目标又那么大，却又把它的中心重点，紧箍在个人学养的"诚意、正心、修身"的范围。

这就好像要你出来试一下身手，去做一番"齐家、治国、平天下"的事业，却又要你称量一下自己，是否自己的学养已经达到真正"诚意、正心、修身"的标准呢？这岂不像叫一个人已经跃马挥鞭，正要扬长而去，他却又来当头泼你一桶水，使你只好兜转马头，赶快回家去抱枕头，静思反省一番吗？

要你沉思反省也可以，但他又再出一个难题，告诉你说，你要做到真正的"诚意、正心、修身"吗？那你必须要明白"致知"的"知"啊！你想要明白这个"致知"的"知"吗？你必须"格物"了才行啊！反过来说，你真能做到了"物格"，便对那个"知至"的"知"就一定明白了！明白了"知至"的"知"以后，你才知道当初由"知、止"到"虑、得"所明悟的"明德"之妙用，才能真正做到"诚意、正心、修身"品德，然后才可以有自知之明，可以知道自己立身处世的方向。那么，"齐家"也好，"治国"也好，"平天下"也好，或是尽此一世，高卧林泉，老死牖下也好，都可以无憾平生矣！但"物格知至"的"知"，以及与最初"知止而后有定"的"知"，是同？是异？却不可侊侗认定，此中大有文章啊！

胎儿是否有"知"

现在先由"知"这个字说起。当然啰！"知"，就是人性本有能知道的知觉作用。但是，如果只当作这样理解，那"知"的作用，也够不上是什么"众妙之门"了。我们照现代的习惯，用研究科学的分析来探讨，例如一个婴儿，当他在胎儿的阶段，你说是有知？还是无知？这也正是现代生物学与医学所追寻的问题，到目前为止，还没有真正确切的定论。

其实，当婴儿住胎的时候，是已经有知的。不过，人们却将胎儿的这种"知"性，叫他是本能反应，或是生理反应而已。当婴儿出生后，这个知性，似乎远不及生理的物理反应明显，换言之，不及感觉作用的明显。这是因为在婴儿初生及其成长阶段，后天知性的意识分别作用，尚未成长熟习，所以他的"所知"性，只偏重在生理物理的感觉状态上发生作用。如饿了、痛了，或不舒服时，就会哭。其实，知道有感觉，也可以说感觉知道了，都是知性的"所知"之作用。只是我们成人，把纯属于思想、思维的作用，叫作知性，甚至只把知性的比较善良面的，叫它是理性。把属于感官及其神经作用的生理反应，叫作感觉。在感觉的时候，如果起了辨识的作用，就叫知觉。在感觉或知觉的过程中，同时又起了所谓七情六欲等作用，这种一时的心情状态就叫作情绪，这种情绪持续较长的时间，就叫作感情。不论是一时的情绪，或较持久的感情（现代人又叫作感性），经年累月累积下来，又形成了每个人的习性，而成为人格的一部分。这些复杂细微的各种心理状态，其实，都是涉及广义的"知"的一个妙用。

如果要再深一层研究探讨，那么，一切生物中的动物，有知性吗？答案：有的。只是和人类的知性相比较，在许多种生物类中，在知性的作用上，有多少成分的差异而已。所以说一切具有灵知之性的，便叫做众生。这个名称，最初出于《庄子》，后来翻译佛学，被久借而不归了，似乎变成佛学所独创的专有名称。那么，例如细菌、微生物、植物等，也都有知性吗？答案：这个很难说。照现在科学的分类，这些只有生生不已的功能作用，是属于化学物理的作用；但如再向上细推，自然物理的化合，生生不已，它是一种形而上本体功能的生知或是感知，待将来科学与哲学重新会合碰头时再说吧！

王阳明如何"致知"

好了！我们自卖风骚，在这里大吹大擂，乱扯到自然科学的问题上去，那会把专学科学的人们笑掉大牙的。但我们为什么会在讲到"致知格物"的时候，牵扯到这些问题呢？

第一，大家要知道，在八九十年前，即将推翻清朝的时期，也是中华民族大革命的前期，由西方学术源源而来，输入东方的时候，我们同时通过日本，翻译西方文明中自然科学的知识。当初，便把自然科学叫做"格致"之学。这个译名，就是取自《大学》的"致知在格物""物格而后知至"的字义而来的。所以我们在讲解的推理过程中，也不知不觉地牵扯到了。

第二，大家要知道明代理学大儒王阳明，他在少年时期，研究探讨儒家的理学，好学深思，要想明白"致知在格物"的真义，便曾对着竹子，用心去格。竹子是物，用心对着竹子在格物，这不能说是不对吧！他是打起精神，用心不乱，专心一志去格竹子。不像陶渊明的"采菊东篱下，悠然见南山"那样轻松潇洒；也不像李白的"相看两不厌，只有敬亭山"那样的闲情逸致。所以他格了不久，格到心胸发病了！因此，后来他才下一定论，"格物"的意思，是格去心中的物欲，并非是对着外物来硬格的。

明辨"能知"与"所知"

现在最重要的，仍然先要回转到知性之"知"的问题上去。前面我们提过婴儿初生的时候，本来就具备有先天而来的"知"性，但它经常处于一种安稳的状态中，有一种明暗不分、恍恍惚惚的境界。当然不是成人以后那样已经形成意识，有分别是非好恶的作用。换言之，婴儿在成长过程中，脑门的头骨合拢，也就是医学所说的囟门严封以后，受到成人生活动作的影响，以及眼见耳闻，有关外界环境等等的熏习作用，那个自我与生俱来知性的"知"，就会分化演变，形成后天的意识，并且具有思想的知觉作用，又具有触受的感觉作用。由于知觉和感觉两种作用交织，便形成有了意识思想以后的"所知"性。

这个"所知"性的"知"，是我们姑且把它划了一道界限。另把先天与生俱来的本能知性的"知"（并没有加上后天成长以后，所知分别的善恶是非等等的习染），叫它是"能知"的"知"。这也就跟王阳明取用《大学》《孟子》的说法，所谓"良知"、"良能"的"能知"相同。但这里所说的这个能知，是限于人类这个现实生命的阶段，是从婴儿开始，本自具有知性而命名的"能知"之"知"。并不概括最初的元始生命,如哲学所说的形而上本体功能的"知"。这点必须交代明白,因为我们现在不是在讲形而上学的本体论。

如果了解了这个与生俱来的"能知"之"知",和后天意识形成以后的"所知"之"知",那你再回转来读"大学之道"的开始,他首先所提出"知止而后能定"的"知",是指人们从成人以后"所知"性的"知"开始修养,渐渐进修而达到"虑而后能得"的"明明德"的"内明"境界。他继"虑而得"以后,既要开发"明明德"的"外用"、"亲民"之学,要想做到"齐家、治国、平天下"之功,必先达到"诚意、正心、修身"的学养时,再又提出来"致知在格物"的"知"。它和"知止"的"知"效用不同。因此,就可以明白它有"能知"、"所知"的界别了。因为上古文字,习惯于简化,以一字概括多重概念,屡见不鲜。倘使弄不清这个道理,那你读古书古文如《大学》的知啊知的,一路知知到底,反而使我们越读越不知其所以了!还不如不知的好。

那么,这个"能知""所知"的"知",和我们能思想、能知觉的"知",同是一个功能吗?在所起的作用上,它有差别的效用,所以在辨别的名称上,就有各种不同的名词吗?答案:你说对了。所以《大学》开始所提出的"知止"的"知",后来便转用"虑而后能得"的"虑"字,因为古文的"虑",就是后世所用的"思"字。换言之,思虑的思,正是知性功能的前驱作用。

"生而神灵"参《内经》

在我们上古以来的传统文化中,周秦之先,诸侯各国的文字语言尚未完全统一,因此,对于这个与生命俱来的"能知"的"知",用处不同,所用的文字符号也就各有不同。有的叫它是"神",有的叫它是"灵",有的叫它是"思"。甚至如汉魏以后,翻译佛学又叫它是"智",或者干脆用梵文译音,叫它是"般若"。例如上古史上描述老祖宗黄帝轩辕,便有"生而神灵,弱而能言,幼而徇齐,长而敦敏,成而聪明"的记载。所谓"生而神灵"就是说他具有生而"知"之的天才。这里是把神和灵两字合起来用的。如果我们再向中国古代的科学书中去了解,那就必须要向黄帝《内经》去求证了。不过,我说的是中国古代科学,与现代科学各有逻辑范畴的不同。《内经》也可说是中国古代的医理学、生命学、生物学等等的始祖。

《内经》从唯物观点开始,说到人的生命生化的作用,提到黄帝问歧伯:

"寒、暑、燥、湿、风、火,在人合之奈何?其于万物,何以生化?"歧伯曰:"其在天为玄(指物理世界的本元),在人为道,在地为化(物质的互相化合)。化生五味。道生智,玄生神。"

帝曰:"何谓神?"歧伯曰:"神乎神!耳不闻,目明心开而志先,慧然独存,口弗能言,俱视独见,视若昏,昭然独明,若风吹云。故曰神。"

"思则心有所存,神有所归,正气留而不行,故气结矣。"

在这里要注意,他提到神的"独存""独见""独明"三个要点,与《大学》后面所说的"慎独"最关重要。

总之,我们首先引用了这些资料,就是要你明白这些道理,它与"致知"格物的"知至",都有极重要的关系。

二、致知与格物

从「知人」到「知物」之性

《易经·系传》可旁通

穷理尽性,以济天下

我们为了探讨《大学》之道，"在明明德"的关键所在"致知在格物""物格而后知至"两句话的内义，已经花了很多时间，先说明"知性"的作用，并且特别提出"能知"与"所知"的界说。然后可以总结来说，《大学》开始第一节由"知止而后有定"，到"知所先后，则近道矣"，都是从人生成长以后，利用意识思维分别的"所知"起修，达到"明明德"的"内明"学养境地。虽然如此，但仍然属于个人的"自立"（自利）之学。如果要由已得"内明"之学而起用，进而"亲民"，做到"立人"（利世利人）的德业，必须要再进一步修养，彻底了解"能知"之性的大机大用才可。因此他又提出"致知格物""物格知至"关键性的指标。但对于这两句话的要点所在，便先要对"致知"、"格物"两个名词的定义有所了解。

从"知人"到"知物"之性

首先，所谓"致"字，便是到达的"到"字同义语。"知"，就是"知性"的"知"。凑合这两个字在一起，构成一个名词，它的含义，就是先要反察自己这个"能知"之性的本根，所以叫作"致知"，也可以说"知至"。这个道理，很明显的，就在原本《大学》首段的结论："此谓知本。此谓知之至也"。但朱子偏偏把这两句结论割裂开来，拿到后面，单独编成一章，叫作"右传之五章，盖释格物致知之义，而今亡矣"。这岂不是千古以来自欺欺人的大谎话！

其次，我们再引证一些上古文字，来说明"格"的意思，例如"有神来格""有苗来格"，等等。并非如后世的我们，只知道这个格字，犹如隔开一样的格，或如方格子一样的格。所以说到知性的"知"，真能到达"能知"的本根，同样就可知道万事万物的性理。因为万事万物理性的本元，与"明德"的"能知"之性，是一体的两面。换言之，这便是曾子指出儒家孔门"心物一元论"的根本学说。所以后世儒家也知道，"民吾同胞"，人人都是同胞。"物吾与也"，万物都与我有密切相连的关系。因此说，把"物""格"二字联合一起，凑成一个名词，叫作"格物"，并非完全是指格去心中的物欲才叫作"格物"。换言之，"致知格物"的道理，在孔子的孙子、曾子的门人子思所著的《中庸》中，就有明显的解释，如说："唯天下至诚，为能尽其性。能尽其性，则能尽人之性。能尽人之性，则能尽物之性。能尽物之性，则可以赞天地之化育。可以赞天地之化育，则可以与天地参矣"。由此可知尽人之性，还只是自我"内明"学养的一段功夫。进而必须达到尽物之性的"格物致知"，才是内圣外用的学问。

如果我们了解了上面所讲"致知""格物"两个名词的意义，便可知道"致知格物"的指标，统统是为了"诚意、正心、修身"而点题。这也是《大学》之所以为成人之学的要点。因此他便有后文的结论说："自天子以至于庶人，一是皆以修身为本。其本乱而末治者否矣。其所厚者薄，而其所薄者厚，未之有也。此谓知本，此谓知之至也。"

对于这个道理，如果要最简单明白的理解，请大家原谅我又要向他家借用。但是，我这样做，是被一般世俗学者们最讨厌、最反感的。因为他们的门派之见太深了。好在我够不上是个学者，一辈子也不想当学者，所以可以"随心所欲"而说。其实，这也是借"他山之石，可以攻玉（攻错）"的意思。那么，"致知格物""物格知至"的内涵，究竟是什么呢？引用佛学的一句话便知道了，那便是佛说的："心能转物，即同如来"。也就是禅宗大师们所说："心物一如，浑然全体，本无内外之分"。如果一定要根据传统儒家学理以及上古儒道本不分家的学说来讲，那可有的是，而且不少，且待另外再讲吧！

《易经·系传》可旁通

现在，我们只从传统文化中儒家的理念来理解"致知格物"的道理。那么，我们必须要搬出《易经》了！尤其以宋儒理学家程朱之说来讲，他们认为曾子所著的《大学》，是为"大人之学"而作。什么是"大人"，他们可没有明确的交代。当然不能仅如朱熹所说，十五岁入大学，开始就是学的这些"齐家、治国、平天下"的"大人之学"啊！

我们在研究《大学》之先，也从"大人之学"这个观念出发，曾经提出《易经·乾卦·文言》所讲"大人"的风规，并以说明曾子著《大学》的传承，是从《乾卦·文言》引申而来。那么，对于他的"致知格物"之说，我们再引用《易经·系传》来印证，那也是顺理成章，更为明显不过！以下特别列举《系传》有关"致知格物"的研究资料十二则，提供大家参考：

> 与天地相似，故不违。知周乎万物，而道济天下，故不过。旁行而不流，乐天知命，故不忧。安土敦乎仁，故

能爱。

范围天地之化而不过，曲成万物而不遗，通乎昼夜之道而知。故神无方，而易无体。

显诸仁，藏诸用，鼓万物而不与圣人同忧，盛德大业至矣哉！

富有之谓大业，日新之谓盛德。

夫易，何为者也？夫易，开物成务，冒天下之道，如斯而已者也。是故圣人以通天下之志，以定天下之业，以断天下之疑。

是以明于天之道，而察于民之故，是兴神物以前民用。圣人以此斋戒，以神明其德夫。

备物致用，立成器以为天下利。

是故君子将有为也，将有行也，问焉而以言，其受命也如向。无有远近幽深，遂知来物，非天下之至精，孰能与于此。

精气为物，游魂为变。

知几其神乎！穷神知化，德之盛也。

和顺于道德而理于义。穷理，尽性，以至于命。

将以顺性命之理。

至于有关《易经·系传》的内涵，我已经有《易经系传别讲》，不在这里再用白话解释，我想，诸位一读也就明白了！

但在所引用的《系传》十二则中，再加简化，有关"格物"的，如"知周乎万物，而道济天下""曲成万物而不遗""鼓万物而不与圣人同忧""开物成务""兴神物以前民用""备物致用，立成器以为天下利""遂知来物""精气为物"，共有八处最为重要，其他的暂不引用。

穷理尽性，以济天下

有关于"致知"的，如"知几其神乎！穷神知化，德之盛也""穷理，尽性，以至于命""将以顺性命之理"，共有三处最为重要，其他的暂不引用。由于浓缩再浓缩，简化再简化，便可知道"致知格物"而到"诚意、正心、修身"的要点，是在"穷理，尽性，以至于命"。"将以顺性命之理"的"格物"，以达到"修身"为明德外用最重要的根本。这才正是孔子所说的："其身正，不令而行。其身不正，虽令不从"的要旨。因为明白了性命的真理，就可了解到我们这个人身，也正是外物。那个"能知"之性，"明德"之体的根元之"道"，才是"心物一元"的真谛。

至于"心物一元"的"道"，便不是"能知""所知"所能透彻，所以在《系传》上便有"阴阳不测之谓神"之说了！不过，"道"也并非绝对的不可知，所以孔子又说："生而知之者，上也。学而知之者，次也。困而学之，又其次也。困而不学，民斯为下矣！"由此可知曾子作《大学》，特别提出"致知格物""物格知至"反复综合的叮咛，其推崇内圣（内明）外王（外用）的"明德"，着重在"修身"的用意，实在是秉受孔门心法"吾道一以贯之"的传承。

那么，我们对于《大学》所讲的"致知格物"的原则，已经有了确切的了解，那就是《易经·系传》所说的："知周乎万物，而道济天下，故不过"。这就是说，将知性的学养，提升到不只知人的理性，而且周遍知识万事万物的理性。学养到达这个境界，能尽知人的理性，能尽知物的理性，然后才能真正做到"诚意、正心、修身"，可以担任以道济天下，而使天下平治了！

二二、智知万物自知难

看万物如何分类
仁民爱物天下平

对于"致知格物"、"物格知至"的研究，现在我们理解它的内涵，并不完全如宋明理学家们的观念，只要格去心中的物欲，就算是"致知格物"的意义。我们已引证到《系传》所谓"知周乎万物，而道济天下"的指标，也就是我们在前面已提到过"心物一元"、"心能转物"的道理。尤其是人类文明发展到了现代，姑且习用公元的计程，二十一世纪已经要开始了，现在的人们，几乎到了丧失人性，完全是"心被物转"的时代，工商业的科技文明愈发达，精神文明愈形堕落。有如一把秤的两头，要做到比重平衡，非常不易。所以对于孔门心法"致知在格物"、"物格而后知至"的先贤明见，的确有重新认识、从头反思的必要。

　　至于物与心之间的关系，怎样来治心制物？在人类社会历史的过程上，有它自然而必然的发展趋势。孔子早在《易经》的《序卦》上下篇中，有了启示。如《序卦》上篇说的："有天地，然后万物生焉。盈天地之间者唯万物。"如果从这个唯物观点来看，所谓人类，也不过是天地之间万物的一类。唯有"方以类聚，物以群分"的类别而已。所以在上古的中国文化中，人类也叫作人群。人类自称为万物之灵，那是人类文化的自我封号。讲到这里，又牵涉到哲学与人类学问题，不必离题太远，多加讨论。

同时我们为了松散一下神经,让我引用明末清初山东一位明朝遗老贾凫西的《鼓儿词》说:

太仓里老鼠吃的撑撑饱。老牛耕地使死倒把皮来剥。河里的游鱼犯下了什么罪?刮净鲜鳞还嫌刺扎。那老虎前生修下几般福,生嚼人肉不怕塞牙。野鸡兔子不敢惹祸,剁成肉酱还加上葱花。……莫不是玉皇爷受了张三的哄,黑洞洞的一本账簿那里去查。

虽然他是抱着国破家亡的痛苦,满腹牢骚,无处发泄,故意以唱大鼓来消遣人生,但对于历史,却有他自己的一种哲学观点,也非常精辟。如果照贾凫西所说,他如代表万物的律师来告人类,那就难办了。

看万物如何分类

关于心物问题,孔子在《序卦》下篇同样劈头就说:

有天地,然后有万物。有万物,然后有男女。有男女,然后有夫妇。有夫妇,然后有父子。有父子,然后有君臣。有君臣,然后有上下。有上下,然后礼义有所错。

这是很明显地说明人类自我建立了一套人文文化,所以与万物有分类差别的界限。

但天地之大,万物之多,在上古,用什么观点去分类呢?这又要讲到中国与印度的文化,各有一套说法。以中国上古文化来讲,把物理世界,化作八类,叫作八卦,那就是天、地、日

（火）、月（水）、风（气）、雷（电）、山、泽（海）。其中存在的生物，如飞禽、走兽、鱼龙等，都是属于动态的生命，所以叫作动物。此外，与动物生命存在息息相关的，如草、木，叫作植物。如土地、山、岩、矿藏等，叫作矿物。这些上古的资料，多读中国古代科学的医药书籍，就可明白。

但在印度上古的分类，把宇宙万物的形成，分为地、水、火、风（气）四种大类，简称四大。后来在佛学中，又加了空大，共为五大类。这是印度文化对天地万物和物理世界的分类。它和希腊上古文化一样，也有说物理世界的最初生成的是水大。除此以外，后来印度的佛学，又分生物的生命为四种类生，叫作胎生、卵生、湿生、化生。更详细的，又分生命有十二种类，几乎包括人类以及看不见的鬼神一类生命。但这些任何一种生命，都和地、水、火、风（气）有关，是心、物分不开的混合一体。其次，大家也都知道希腊文化，到了比曾子后生的柏拉图手里，他把世界分为两类，一是理念世界，一是物理世界。至于埃及上古文化，相当接近于印度上古婆罗门的观点。

仁民爱物天下平

我们大略明白了这些人类传统文化的研究，再回转来看人类最初对物理世界中万物的关系。可以说，人类自始至终，也如各种动物一样，都是靠征服残杀别的生命来养活自己，正如达尔文所说："物竞天择，适者生存"。但人类一方面是为生存而想征服万物，一方面也具有爱惜怜悯生物的心情。这就是人类之所以不同于其他动物，自有人文文化的特点。这在中国自古以来的传统文化中，叫作"仁"，是儒家孔孟一系所极力要想发扬光大的主旨，也就是后世儒家所谓"亲亲、仁民、爱物"的宗旨。在印度佛学中叫"慈悲",希望做到"众生平等"。在西方文化中,叫"爱"或"博爱"。

而在这些人类文化三大主旨中,尤其从儒家观点来说,对于"慈悲"或"博爱",是很准确高远的目标,无可厚非,但似乎有大而无当之概。只有从各各自我立足点出发,先由"亲吾亲而及人之亲"开始,逐步扩充"仁民""爱物",才有序可行。但要达到这个目的而使"天下平",首先必须学养达到"尽人之性""尽物之性"的"物格知至"。也就同佛学所说的"如所有性,尽所有性",然后才能有"大智、大勇"的"大雄"才德。唯有具备这种才德,才可能领导人类文化走向"民胞物与""心能转物",而不被物质文明带向自我毁灭之途。

二三、物欲催人肯自怜

反观人类发展史
东西方分野的关键
追逐消费的危机

至于人生天地之间，与万物共同生存的关系，及其发展趋势，在《易经·序卦》上下篇里，早已有一套心物发展史观，在这里不必细说。我们只是依照过去人类几千年来对历史发展的过程，反观人类用尽心智来役使万物，如果再不设法使"物格而后知至"、"知止而后有定"，势必自使人类甘心永为物的奴役。而且最后到达心物之间的矛盾加剧，不但自己毁了精神文明的世界，同时也自我摧毁了这个整体的物质世界。

反观人类发展史

现在我们回转来，反观人类历史发展的过程。暂且不说远古，仅从三五千年来的上古说起。当人类初由母系社会，而变成父系氏族社会，还没有城邦国家的雏形，只是血缘关系的阶段，那时人们用知性的本能，征服了有限动物和植物。如服牛乘马，豢养猪狗牛羊等作为家畜，砍伐树木石块，构筑居屋。最大的空间界限，都是依山傍水。换言之，一群氏族的四周，以有高山或较大的江河流域，阻挡去路，便自封守为界。对于无法用原始的心智来把握、征服的，如日月星辰、风云雷雨、天灾地震等等，只有视之为神力的安排，顶礼膜拜，祈祷保佑而已。

渐渐智知开发，知道制造舟车，征服江河海洋，开发高山峻岭，于是氏族联盟，团结组织起来，然后就有城邦国家的出现。渐渐在政治体制上，形成诸侯封建。因物资交易的需要，形成了商贾。至于再发展，知道大量开发盐铁矿物的利益，已经转型到大城市、大国家的历史文明了！在过去三五千年以来，无论社会文明如何不同，人智的效用开发在地球上东西两洋，除语言文字不同以外，大致不相上下。尤其在中国，因为地缘和人文的关系，经济的重心，始终只以农业为主，工商业一直是属于农业经济的附庸。而国家与世界的最大关限，就是海洋。所以舟车牛马之利，始终还没有办法征服海洋，当然更不能控制海洋，例如中国、印度，甚至埃及，大致都不外于此例。

但在地球的另一边，我们现在所称的西洋（欧洲）呢？他们在远古、中古的历史阶段，几乎与我们没有什么不同，只是在由氏族社会，转变为西洋式的封建。后来又形成以血缘为主的国家民族、政治制度等等，各有不同。尤其以北欧为主的少数城邦国家，绝对不像中国，可以坐享农业之利，安于田园之乐而甘于平淡。他们为了生存，势必要向海洋冒风浪之险，另求生存发展的机会。因此而有海上航业的开展，渐渐形成越海贸易，沟通重洋而寻求市场。

东西方分野的关键

然后到了十五六世纪，我们正沉湎于欣赏自己东方中国式的文明，而在西洋，却从中古文明黑暗末期中觉醒。由文艺复兴开始，接着而来的，有科学技术文明的进步。尤其用科技文明来制造铁（轮）船以后，渐渐征服了海洋，打破了以洪涛巨浪作为屏障，各自闭关称尊的东西洋国界。当然，最重要的是利用科技，制造了以火为主的枪炮，配合远航的轮船，带动工商业进步的新文明。因此而有新大陆发现后美国的新兴；因此而有黑船初到日本；因此而有鸦片输入中国；因此而有假贸易之名而侵占了印度，如此等等世界国际之间的重大变化。

当然，同时也包括了西洋文化东来，由矛盾而融合的变化。换言之，由十七、十八世纪到十九世纪，所谓人类文明，已经突破了海洋的限制。同时也因科学文明的发展，渐渐能够操纵时空的限制，打开人类的心知和眼界，知道了"人外有人，天外有天"的世界观。但从工业革命以后，追求科技的发展，享受物质文明的欲望，也逐步提高了。

到了二十世纪开始，终于发生了第一次世界大战（1914—1918年）。跟着而来的，为了争取殖民地，为了经济倾销市场，换言之，各国民族积极争取侵占财富，占有物质资源，暗中酝酿，终于在十几年以后，由日本、德国开始，再发起第二次世界大战，达八年之久。因此而促进航空飞机的发展，快速超过以海洋为屏障的阻碍，缩短了人类时空的限制。

追逐消费的危机

但在两次世界大战之际，在北美洲地区，有一个欧、非民族杂拼而成的美国，凑巧利用了文艺复兴运动以后的自由民主思想，接着第二次工业革命的科技，坐守北美。一面倾销军火而大谈其消费刺激生产的经济利益，一面而得天时地利之便，大事鼓吹它美式的政治体制，以民主自由为世界人类最崇高的文化。他们崇拜"雅典"文化，但也忘了"雅典"为什么在历史上只剩有一个美丽的幻影。这个问题，当我在欧美的时候，每每与他们后起之秀们研究讨论，却发现西方青年的思想，正在酝酿另一种政体意识，尤其非常鄙视美式的文明。不过，我们暂且搁置，不要又离题太远，扯到现代的政治思想上去。

  总之，现在的世界人类知识，尽量利用物质，在二十世纪的六十年代，已经初步登陆月球，还正在追寻外星球是否有生物的存在。同时，武器的发展，使杀伤力到达不可计数程度。电脑网络的发达，可使人们完全进入"迷心逐物"的境界。可是，却忘了地球和人身一样，是一个整体的生命。我们现在所用的资源，都是取自这个生命的内部。这些生活在地球外表皮肤的寄生虫一族，所谓人类，却拼命钻进内部去挖取它的骨髓。也许很快地就走上树倒藤枯的结局，还归原始的混沌世界，才算了事。

二四、身心情智与物化

人身只有使用权

从《内经》看修身的内涵

心物一元防『物化』

我们反反复复，为了"致知在格物，物格而后知至"，议论了很久，好像忘了下文的"知至而后意诚，意诚而后心正，心正而后身修"乃至"家齐、国治、天下平"，以及"自天子以至于庶人，一是皆以修身为本"，前后有绝对相关的一节。其实，前面虽然为"格物"这个名词的内涵，稍作发挥，略微启发，但如果真要了解传统文化"格物"的道理，除非研究自上古以来，儒道本不分家的科学史观，甚至如后世所谓的道学养生科学与物理等等学识才行。

人身只有使用权

　　因为我们的上古科学史观，认为这个天地宇宙与万物，都是一个"物化"作用的"造化"生机而已。换言之，这个天地宇宙，是一个大化学的熔炉，万物和人，都是这个大化学烘炉中的化物。这个能知之性的神灵妙用，是发动"造化"的能源。但它又被"物化"的引力吸住，混在一起。除非再自觉醒，摆脱"物化"的吸引力，超然物外，回归道体，才是究竟。

　　由此类推，不但天地万物都属于外物，就是我们所认为是我现在生命的人身，也同样是外物，但有使用权，并没有永久的主权。例如我们从古以来，就有一句很漂亮的哲学性口头语："身外之物，并不在乎！"其实，大家忘了这个偶然暂时占有的人身，也只是"心外之物"，你更无法永远据为己有呢！所以当你现在拥有此身，就要好好地"诚意、正心"去使用它，为己为人，做一番自利利他"明德"的功德。这才是"物格而后知至"的"明明德"之学。

那么，此身如何去修呢？我们既已知道了身亦是物，但现在已经是我所依的身子，虽然和我好像是分不开彼此的一体，事实上，我的"能知"之性，并非属于这个身体，只是在此身内外任何一部分，都共同依存有"能知"之性所分化的"所知"和感觉的作用而已。不过，在普通一般人，没有经过"知止而后有定"，进而达到"静、安、虑、得"的学养境界，就不会了解"致知在格物，物格而后知至"的层次。因此，平常都由"所知"的分别思维作用，被身体生理的"感触"所左右，随时随地落在"感觉"所起的情绪之中，即传统文化所谓的七情"喜、怒、哀、惧、爱、恶、欲"的作用上打转。到了汉魏以后，佛学东来，又加上由"色、声、香、味、触、法"所起的六欲作用。所以在唐宋以后，统名叫作七情六欲，它左右了人的一生。

在这个人身生命中，当他和"身外之物"的物质世界各种环境接触，以及和人事的互相交触感受的时候，便随时引发了喜、怒、哀、乐等情绪。其中的关键作用，那便是上古儒道本不分家所说的"炁"（气）。所以从曾子以后，由子思再传的弟子孟子手里，就极力主张"养气"之说。孟子所谓"志者，气之帅也"，便是说明"所知性"所形成的意志，可以作为主导情绪统帅的功用。如果能够把义气"直养而无害"，可以充塞于天地之间，变成"浩然正气"。但也需要有一步一步的实证程序，并非徒托空言就可做到。这在《孟子·尽心篇》里，已经有比较具体的说明，姑且不加详说。因为我们现在所研究的，是孟子的太老师曾子的原本《大学》,不是讲曾子的徒孙孟子的学问。

从《内经》看修身的内涵

如果再要探究修身内涵的学识,势必要借用道家养生之学的始祖,也就是中国医学的老祖宗《黄帝内经》,就可更为明白了。现在简略列举上古医圣岐伯答黄帝所问的,以及与"修身"治事有关的问题,便可知《大学》的"修身"之说,并非只是理性抽象的空言。例如《内经》说:

> 东方生风(先以地球物理作指标来说),风生木,木生酸,酸生肝,肝生筋,筋生心(以人体五脏互相生化作说明)。其在天为玄,在人为道,在地为化。化生五味,道生智,玄生神,化生气。神在天为风……在藏为肝。其性为暄,其德为和,其用为动……其政为散……其志为怒。怒伤肝,悲胜怒。
>
> 苦生心,心生血……其德为显,其用为躁……其政为明……其志为喜,喜伤心,恐胜喜。
>
> 甘生脾,脾生肉……其德为濡,其用为化……其政为谧……其志为思,思伤脾,怒胜思。
>
> 辛生肺,肺生皮毛……其德为清,其用为固……其政为劲……其志为忧,忧伤肺,喜胜忧。
>
> 咸生肾,肾生骨髓……其德为寒,其用为肃……其政为静……其志为恐,恐伤肾,思胜恐。
>
> 心藏神、肺藏魄、肝藏魂、脾藏意、肾藏志。
>
> 故曰:知之则强,不知则老(谓调和七损八益的重要)。智者察同,愚者察异。愚者不足,智者有余。有余则

耳目聪明，身体轻强，老者复壮，壮者益治。是以圣人为无为之事，乐恬澹之能，从欲快志于虚无之守。故寿命无穷与天地终。此圣人之治身也。

现在我们所引用《黄帝内经》生化互克的理论，如果对于上古的传统科学没有基本知识，你读了会觉得很好笑，认为太玄了！也很矛盾，好像很不合于现代人的科学逻辑观点。其实，上古中国文化中的医学、天文、地理等学问，它的立论，都从科学的哲学基本出发。所谓上古传统的科学的哲学，它是从"心物一元""天人合一"的立足点来发挥。因此庄子有"天地与我同生，万物与我为一"的名言。又如道家所说"人身是一小天地"，换言之，天地万物乃是一个整体生命。如果你从这个认识去探讨，精密研究《内经》等学识，就可知道《内经》之学的内涵，并非只属于医药的范畴。我们为了研究讨论"格物致知"、"物格知至"而到"修身"，所以特别提到它，引用了有关"心物"、"身心"理论的一小部分，而且简略浓缩。这也就是《易经·系传》所指示的简易原则，所谓"近取诸（于）身，远取诸（于）物"，取近就便"格物致知"的办法。

心物一元防"物化"

我们一路依文解义，讲到"明明德"的"外用"之学，由"致知在格物"，"物格而后知至"，而先提出讨论"修身"。这个理念，来自中国上古以来的传统观念，根据"心物一元"的基本原则，认知我们现在生命存在的一身，正是物我齐观的生物。换言之，这个人身，也就是我们通常所说"性命"之"命"的主要部分，是属于生理的、物理的。而运用这个生命的另一主要功能，根据传统文化的命名，便叫作"性"，它是属于心理的、精神的。而在上古儒道本不分家的其他的书本上，也有别名叫作"灵"，或叫作"神"。而综合性命、心物为一体，圆融贯通形而上与形而下的总和，便统称之为"道"。

我们如果有了这个认识，便可明白曾子所著述的"大学之道"，以及其弟子子思所著述的《中庸》，确是秉承孔门心法，根据《易经》乾坤两卦的大义而来发挥，应用在人道的行为修养，而形成后世所称的儒学。他最明白的根据，就是乾卦的象辞：

　　大哉乾元，万物资始，乃统天。乾道变化，各正性命，保合太和，乃利贞。

所以"修身"的重要，正为自正其命的"正命"之要旨。至于"诚意"、"正心"，是与"明德"的"能知"、"所知"的知性有关，统属于天道和人道的知觉、感觉作用的"觉性"范畴。

那么，为什么《大学》在"知止而后有定"，直到"物格而后知至"，"此谓知之至也"以外，又提出一个"诚意"的"意"和一个"正心"的"心"呢？难道人们生而"能知"之性，它不就是"意"？不就是"心"吗？如果在身心之外，还另外存在有个知性与意识，它的存在，它的分别功能，又是如何分类呢？依据现在生理学与医学的观念，这些都是脑的作用，是一切唯物的反应而已。何必巧立名目，故弄玄虚呢？同时，在身体的部分，就算承认在人活着的时候，有它生理五脏互相关联生克的变化，但哪里还有一种"五运""六气"的作用？它和知性又有什么关系呢？

这一连串的问题，在古代读书，只要接受、相信就可以，除了对文字文句，作些考证改订之外，那是当然的毋庸疑议。但在现代，就完全不同了。如果这些问题没有了解清楚，那对《大学》这一本书，只能视作传统的格言信条，有他自成一家之言的权威性价值而已。用来谈什么"齐家、治国、平天下"之学，恐怕是了不相干吧！

二五、诚意正心修身与知至

从『性』到『性理』之学

自性如何『止于至善』

由『意』衍生的各种心态

心、意、识（知性）的差别

从人身生命的形成说起

行为大半受情绪影响

为了清楚了解所提出这些关键性的问题，我们的讨论难免有旧话重提，犯了繁复的语病。但为了交代得更明白，只好不避重复，再来说明清楚。

从"性"到"性理"之学

从中国上古以来传统文化的总汇资料来说，当然只有根据经过孔子整理编集的五经——《易经》《礼记》《尚书》《诗经》《春秋》，最为可靠。《尚书》（《书经》）是以保留上古政治哲学的史料为主。《春秋》是孔子著作的政治史观。《诗经》是收集保留历史、政治、社会演变等各阶层民意反映的资料。如果要研究有关天人之际，以及人道的传统学术思想，只有在《易经》《礼记》中去寻根。而在《易经》与《礼记》的传统文化中，对于人性问题早已提出，性与情两者，是现实生命存在一体的两用。关于人性问题，尤其以《周易·系传》更为明白，如说：

> 一阴一阳之谓道，继之者善也，成之者性也。天地设位，而易行乎其中矣。成性存存，道义之门。

总之，在传统的中国文化中，以统摄天人之际，为天地万物总体的功能,名之为道。道的本能,自然具备有一阴一阳,正反相成相制的作用。在阴阳正反的相互衍变中,各有各的同等功用,无所谓阳善阴恶,或阴善阳恶,这两者的功用,都是"至善"的。所以曾子著《大学》,开始就说:"大学之道,在明明德,在亲民,在止于至善。"他对"大学之道"的前提宗旨,完全是有所本而来的,也就是以"继之者善也"的发挥。但他对于"成之者性"乃至"成性存存,道义之门",却只用"明明德"一词来表达人性光辉的一面,不另加详说。第一个明字,是作动词来用,也就是说,人性天然有自明其德的功能。所以到了子思受业于曾子之后,跟着著述《中庸》,便换了一种说法,一开始便说:"天命之谓性,率性之谓道,修道之谓教。"

所以在中国文化中,无论是曾子所著述的《大学》,还是子思继承著述的《中庸》,都把从人道出发的"性情"二字的"性"字,特别流行作为明通形而上道的表示。但要知道,曾子和子思,是春秋的末代人物,比释迦牟尼晚生几十年,比苏格拉底、柏拉图又早生几十年。所以后来佛学输入中国,译文所用的佛性、觉性,乃至明心见性,也都照样引用"性"字,作为现实人生的生命之源,作为表诠。因此后世道家神仙的丹道之学,有所谓"性命双修"之说等等。尤其在隋唐以后,因为禅宗的兴盛,以"直指人心,见性成佛"的主旨,在中国文化中,形成联系儒释道三家中心之学的台柱。因此而有南北宋儒家理学家们起来学步,大力主张以孔孟之学的心法,大倡其性理之学。我们了解了这个文化历史演变的过程,再回转到《大学》主旨的探讨,就更为明白。

自性如何"止于至善"

既然人性的本来，本能自己具有自明其德，本自"至善"。为什么在起心动念，变成人的行为时，又有善恶对立，作用完全不同呢？这个问题，从儒家的观点来说，是因为人性的变易，主要是受到后天环境的影响，也就是孔子所说的"性相近也，习相远也"。换言之，天生人性，本来是个个良善的，只是受后天的影响，受生理的环境的种种影响，由习气的污染而变成善恶混浊的习惯。所以学问之道，便是要随时随处洗炼自性所受污染的习气，使它重新返还到"明德"、"止于至善"的境界。

那么，怎样才能使自性返还到"止于至善"的境界呢？那只有利用自性本自具有的"能知之性"的功用，随时反省存察，了了明白，处理每一个起心动念，每一桩行为的善、恶，分别加以洗炼，使它还归于纯净"明德"的本相。所以在言辞表达上，又把"性自明净"的知性作用，以逻辑的理念，叫它作"能知"。再把这个知性，用在起心动念，向外对人对事对物的分别作用上，叫它作"所知"。

例如：人性自出生为婴儿，直到老死，饿了知道要吃，冷了知道要避寒取暖，看到好看的、美丽的，想要取为己有，不好的、厌恶的，想要赶快抛弃。那都是天然"知性"的"能知"的作用。不过，其中又有不同的分别。知道饱、暖、饥、寒、好、恶的，是由天然"能知之性"的感觉部分所反应而知的，所以也可以叫作"感知"或"感觉"。在佛学的名词，叫作"触受"。但知道这个好吃不好吃，这个可要不可要，这样能不能要，该不该要，那就属于"能知之性"生起"所知"的分别作用，这个作用，叫它是"知觉"。知觉与思维、思想有密切关联，随时不可或分。当知觉的作用要仔细分别、追寻、分析、归纳、回忆、构想时，又别名叫它是思想、思维，等等。

但无论"能知"或"所知"，从《大学》本书的名词来讲，都属于能自明其德的"明德"自性的起用。如果明了"明德"自性，它是本自"寂然不动，感而遂通"。那所谓"能知"与"所知"，也只是"明德"起用的波动而已。摄用归体，"知性"也并无另有一个自性的存在。譬如波澄浪静、水源清澈，原本就是"止于至善"，这样才是"知本"，这样才是"知之至也"。

但是，在一般人而言，从有生命以来，始终是被"所知"的分别作用牵引波动，并无片刻安宁。从少到老，收集累积"所知"的"习气"，便形成了"意"。也可叫它是"意识"。然后，又自分不清楚，认为"意"便是"知性"。其实，"意"是"知性"的"所知"累积而形成。"知性"收集累积成"意"以后，譬如银幕上的演员与幕景，能够分别演出音容笑貌、悲欢离合等情节，如幻如真。事实上，这些情节变化，都是幕后的一盘磁带的播出而已。所谓磁带，就犹如"意"。银幕上的种种人物活动，犹如"所知"的种种投影。

由"意"衍生的各种心态

如果用文学艺术来比方，例如李后主的词："剪不断，理还乱，是离愁，别是一番滋味在心头。"那想剪断它、理顺它的，是"所知"。剪也不断，理也不顺，似乎在心中去不了的，便是"意"的作用。又如苏东坡的词："十年生死两茫茫，不思量，自难忘。"自己并不想去思念它，但在心中，永远存在着、排遣不开的，这就是"意"。所以"意"的作用，又有一个别名，也叫作"念"，就是念念难忘的"念"。又有形容"意"是具有强力的作用，便叫作"意志"。它配合生理的作用，就叫作"意气"了。人生多意气，大丈夫立身处世，意气如虹，那是多么美丽的豪语。"意气"加上思想、思维以后，主观认定的作用，便又换了一个不同的名词，叫作"意见"。

说到"意气"，问题可大了！"意"是"能知"、"所知"接受外物环境等所影响，在不知不觉中，渐渐形成为自我知性的坚固影像，也可叫它为形态。但从逻辑的界别来说，它是唯心的。然而它在起作用时，必然同时关联生理内部的情绪，两者互相结合，所以叫作"意气"。一部几千年来的人类历史、人类社会，"乱哄哄你方唱罢我登场，反认他乡作故乡"，十之七八，都是人我"意气"所造成的错误。宋儒理学家陆象山说过两句名言："小人之争在利害，士大夫（知识分子）之争在意见。"这的确是很有见地的观点。

其实，我们平常做人处世，大部分的行为言语，都在"意气"用事，绝少在清明理智的"明德"知性之中。如果要做到事事合于理性，那是很难的。除非真能达到"大学之道"的基本修养，所谓"定、静、安、虑、得"的学问工夫，不然，对于自己理性的真实面貌，根本就无法自知，所以老子便有"知人者智，自知者明"的感言。因此，曾子特别指出"知至而后意诚"的重点。但是因为用了一个"诚"字，又被后人误解不少，这真如禅宗洛浦禅师的话说："一片白云横谷口，几多归鸟夜迷巢。"所以，从《大学》的"诚意、正心、修身"的观点，来参证一部二十六史上的领导人物（帝王们），以及普通人物创业守成的成败得失，就有得戏看了！

心、意、识（知性）的差别

对于知性与意志或意识的作用，已大概有分别说明了。但照一般通常的了解，所谓"意"，就是心理的一种活动作用。换言之，"意"就是"心"，只是在习惯上所用的名词有不同而已。其实，"心"和"意"，不就是同一的东西吗？如果侊侗含糊地说"心"和"意"，好像就是一个东西，等于是思想和情绪的总和。但从严格辨别来讲，"意"是不能概括"心"的。所谓"心"的现量境界，是我们没有起意识思维，更没有动用知性的分别思量作用时，即没有睡眠，也没有昏昧的情况，好像无所事事，但又清清明明的存在，那便是"心"的现象。例如，明代苍雪大师的诗说：

南台静坐一炉香　　终日凝然万虑亡
不是息心除妄想　　只缘无事可思量

事实上，当我们心中无事，意识不起作用，当下忘却"所知"的分别活动，好像空空洞洞愣住一样，这便是"心"的现象。通常一般人，尤其是大忙人，偶然一刹那之间，也都会碰到这种情况。不过，一般人碰到这种情况时，反而会起恐怖，自己会怀疑自己脑子有问题，或是心脏停止活动。不免自寻烦恼，凭一知半解的医学常识，找医生，量血压，检查心电图，大多就因为自起恐慌而真的生病了。事实上，这起因是一种人我自己的心理病。如果在这种状况中，坦然而住，反而得大休息。不过平常没有经验，对自己没有认识，没有信心的，刹那即成过去，是不可能长久保持这种现量状况的。

如在睡眠，或受外界刺激，或因病痛发晕昏闷过去，那就不可能有这种"心"量境界的出现，甚至梦中也不可能。做梦，广东话叫发梦，那是"意识"所起反面的作用，不是"心"的作用。如在梦中，忽然心力特强，觉得是梦，一下便清醒了，那就是恢复"心"的境界。不过，平常人的习惯，从梦境中一醒来，便用"意识"去思量，以"所知"的习惯，去追忆梦境，或以"所知"去寻求新知，永远不会停止休息的。

如果了解这样的粗浅分解，便可知道心、意、知性三者，的确都别有它的不同领域。非常巧合的是，魏晋以后，佛学东来，也同样提到心、意、识这三层次的差别。这真是合了一句古语：贤者所见略同。

总之，再用一个譬喻来说，"心"好像一个盘子，"意"好像盘子里一颗圆珠。"知性"好像盘子和珠子放射的光芒，内照自身，外照外物。但这整盘，又装在一个血肉所制造的皮袋里，那就是人身。但要知道，这只是勉强的譬喻而已，并非事实的真相。在中国小说中，古人早有很趣味的譬喻，那就是《西游记》的四五个人物。作者把心身意识演化成小说，将心猿意马，化出代表"心"的孙猴子。代表意气的是一匹龙马。猪八戒代表了人的大欲，特别喜欢男女饮食。一个晦气色的沙僧，代表没有主见的情绪，只能挑着行李，担起这个皮囊跟着猴子、猪八戒跑。那代表整个完整的心身生命的，便是唐僧。从表面看来，他是世界上最老实的笨人、善人、好人，虽然一路上他所遭遇到的，处处是艰难险阻，都是妖魔鬼怪，而在这三四个鬼精灵伴随下，走完一段人生的道路，但由于他的"诚意、正心、修身"，所以他成功了！

知道了心、意和知性的三层次作用，还是属于"明德"的"内明"范畴。这心、意、知性必须凭借外物的人身，才能对这个物理的现实世界发生作用。我们一般把人生生命的整体叫作身心，那是很确切的说法。这个生命是由身心组合而成的。身体是生理的、物理的，是生生不已，是"生"的功能所呈现。心是心理的、精神的，也是生生不已，绵延续绝，形成"命"的功能。如果引用《易经》的说法，心性属阳，身体属阴，阳中有阴，阴中有阳，交互变化，呈现出生命的作用。因此，我们需要知道，人生的一切作为，还要看每一个人所禀受生理的情况，而形成"外用"行为的结果。很明显可知的，当一个人"知性"在理智上明知道不可这样做，但是自身另有一个力量强过了理性，结果就非做不可。或者说，当自己在"知性"的理智上认为应该做，而且是一桩好事，但是自身却另有一个厌倦疲懒的力量，使自己始终没有去做。最后又悲叹懊悔、自怨自艾、无可奈何！这就是说明人生的一切，以及行为的善恶是非，有一半是属于人身生理所影响的结果。所以《大学》特别提出"修身"的重要。

从人身生命的形成说起

至于我们这个人身，为什么会有这样一种力量，可以左右理智，那就要从传统医学的《黄帝内经》去认识，配合现在的生理、生物等科学去理解，自可了然于胸。所以我们在前面提出《内经》有关喜、怒、哀、乐等生理上情绪的变化，就是这个缘故。如果要比较深入一点去探讨，首先要搁置形而上先天性的哲学范围，只从后天人身生命的形成说起。

现在医学的说法，我们的身体，起初是由男性的一个精虫，和女性的一个卵子相结合，产生一种"生命的动力"，古人叫它为"气"，也有叫它为"风"。因此在母胎中分合变化，将近十个月而完成为一个胎儿,出生以后便叫婴儿。他虽禀受父母两性的遗传,还只是其中的一个因素。碰上精虫和卵子本身的强弱好坏,又是另一个重要的因素。住胎时期,母性的生活、饮食、情绪、思想,以及父母两性的生活环境、外界的时代背景等,复杂的种种因素凑合一起,幸而出生入世,变出一个人身。但是他内部的结构,血肉、神经、骨骼等,形成所谓五脏(心、肝、脾、肺、肾)、六腑(胆、胃、膀胱、三焦、大肠、小肠),以及外形的眼、耳、鼻、舌、身体。全盘联结在一起,大如外形躯体,细如每一毛孔,整个系统,自己都具有一种触觉的作用,这是生理的、物理的反应。当触觉的反应交感与知性的知觉相结合,便形成为心理、意识的种种感受。由此配合"所知"发生作用,便成为人之所以为人的行为。

行为大半受情绪影响

换言之,每一个人的行为,通常大半是受情绪的影响最为有力。例如,我们经常说某人的脾气我知道,或是说某人的个性我知道,这所谓的"脾气"和"个性",就是情绪为主。情绪并不是代表某个人"所知性"的分别意识所生的聪明才智。情绪的作用,是来源于生理禀赋,是由于身体内部健康状况的作用。换言之,健康与不健康,和情绪关系很重要。如《内经》所说:

> 五精所并:精气并于心则喜,并于肺则悲,并于肝则忧,并于脾则畏,并于肾则恐。是谓五并,虚而相并者也。

所以子思著《中庸》,开头就先从天命之道的"知性",提到《大学》所谓"诚意"的"慎独"以后,便特别说道:

> 喜、怒、哀、乐之未发谓之中，发而皆中节谓之和。中也者，天下之大本也。和也者，天下之达道也。致中和，天地位焉，万物育焉。

历来关于《中庸》开始的第一节，大多数都把喜、怒、哀、乐当作心理的状况，加以解释，那是绝对错误的。不管他是古圣贤或今儒家，错了就是错了，实在不敢苟同。喜、怒、哀、乐是情绪，属于修身范围，不属于修心的心、意、知性范围。还有一点更重要的，就是读《中庸》一书的"中"字，固然可以把它当作中心的中，中肯的中来理解，但可能是不完全准确的。《中庸》的"中"，应该以古代中州音发音；例如以太行山为中心的山西、山东，以及中州的河南音来读，等于南方人发音的"种"字音就对了。所有中原地带的人，对于某一件事，某一个东西，认为是对了，便说是"中"（音种）。如果你有这样的了解以后，对于《中庸》的道理，"虽不中，亦不远矣"。所谓"喜、怒、哀、乐之未发谓之中"，是指"情绪"没有发动的境界。换言之，是并未动情，更未引发"意气"的情况。但人到底是有情的动物，"无情何必生斯世"，"天下谁能不动情"，只要"发乎情，止乎礼义"，"知止而后有定"，便能做到"发而皆中节谓之和"了！因此子思把"中和"的境界和作用，高推到"天地位焉，万物育焉"的圣境上去，是多么的真善美，而且又很切实于人情的平凡状况，这就是人道的真现实，并不外乎人情。

可是，我们了解了这个道理以后，再回转来看"大学之道"，要教化社会上的人，上至天子，下及任何一个平民，都需具有这种儒者的学问修养，才算是完成了一个国民人格的教育标准。如曾子所说："自天子以至于庶人，一是皆以修身为本"，能吗？尤其从南宋以后，推崇尊敬程朱之学的后儒，硬想把

《大学》《中庸》变做帝王们必读之书，必修之课，而且还要他们做到安静修心，不动心、不动情，学做想象中的尧、舜，岂不真到了迂腐不可救药的地步吗？看看历史上的帝王们，连要找出心理正常的，都不可多得啊！

二六、尧舜不来周孔远

尧舜周公的好榜样
孔子重视仁民爱物而尊王

我们讲论《大学》,到现在为止,还是停留在"明明德"的"内明"范围。由"致知"到"修身",虽然研探了五个学养纲目,除了"修身"是介于"内明"(圣)与"外用"(王)之间外,前面的"格物""致知""诚意""正心"等纲目,始终还属于"内圣"之学。如果"内明"(圣)得达"明德"境界,由此起而"外用"(王)于齐家、治国、平天下,就须从"修身"立德开始,所以便有"自天子以至于庶人,一是皆以修身为本",这个非常肯定的提示。由此可以了解孔门心法,始终是遵从孔子著《春秋》的宗旨,志在责备贤者。但须了解,在春秋前后时代,所谓"贤者"这个名词,并非如秦汉以后,专门把圣贤两个字,当作学养兼备、修道有成者的代号。在春秋的前后阶段,"贤者"一词,有时候是对在职在位当权者的礼貌称呼。

尧舜周公的好榜样

曾子著述《大学》,是在夫子逝世以后。当时上至中央的周天子,下及列国的诸侯们,都是做君上者,不成其为人君,做臣下者,不成其为人臣的丑角,既乏内养的品性,亦无立身处事外用的德行。因此他以悲天悯人的心情著述《大学》,弘扬孔子继承中国传统文化的心法，流传后世。这也就是孔子"删诗书，订礼乐"，只以师道自居的精神所在。那么，中国文化中"内圣""外王"之学的中心精神是什么呢？那你必须要冷静地好好研读《礼记》中的《礼运》篇，它与《大学》《中庸》是互相关联、绵密一致的孔门心法。

其次，还须从孔子删定的《尚书》（《书经》）去了解。那是用断代史的手法，截去远古史的残破资料不讲，只取有文献可征的史料开始，以唐尧、虞舜作先驱的榜样。然后从传统历史的变革，以夏商周三代为继统。但在三代之后，尤其推崇周文王的品德。对于周武王，只是循历史的趋势，当然承认他是一个划时代革命性的象征，有如成汤一样，可以相提并论。但对周室七百余年的政绩，只是如记流水账而已，可取者并不多。特别值得崇拜的却是周公姬旦，尊敬他为中国文化集大成者；又为周室设计分封诸侯建国，联合治天下的封建制度；以及土地公有、权益均等的井田制度，为当时奠定以农业经济建国的好榜样。

孔子重视仁民爱物而尊王

换言之，孔子的尊王主张，是他眼见当时春秋时代的政治社会演变趋势、文化堕落，当权有力者不以"立德"为功，只以智谋权力作为霸业的手段，天下将必大乱。大乱的结果，当然是民不聊生，吃苦受害的还是老百姓。所以他主张，仍然尊重周室的政权王统，要使他随势"渐变"，不至于大乱。如果要求"突变"，必会造成再来一次如"汤武"一样的革命，其后果是不堪设想的。所以当时孔子的尊王主张，是由于仁民、爱物的思想出发，并不是如后世的儒生们，只要是那个称王的，就可以如俗话所说，"有奶便是娘"，甘愿臣服而事之。只知道孔子开口尧舜，闭口尧舜，就是尊王。因此后世的儒生，为了出卖学问知识，争取功名富贵，便臣事于人，不管是什么样的皇帝老板，便称他为"当今尧舜"，岂不可笑之至。孔子所标榜的尧舜，是真民主，假帝王。后世与现代的民主，是真帝王，假民主。这个道理界限弄不清楚，便好像《红楼梦》上林黛玉笑贾宝玉的诗所说："不悔自家无见识，翻将丑语诋他人"，那就无话可说了。

如果你要彻底了解这个道理，明白孔子所代表中国文化史观的奥妙，必须仔细研究子思所述著的《中庸》。我们现在只摘出其中的两句话，作为这个观点的一只眼，那就是子思说的"仲尼祖述尧舜，宪章文武"。即如大禹，也并不提到。因为以尧舜禅让为立德而"止于至善"的标准来看，大禹立功，泽及万世，固然功德很大，但很遗憾的是，他并未在生前安排好继承尧舜之德，却从他的儿子启的手里，将中国传统禅让美德，变成了"家天下"，为三代以后所借口，永为天下私有的法式。因此使曹操的儿子曹丕篡位时，说自己总算明白了上古历史所谓的禅让，是怎么一回事了。但大禹治水的功德，的确不能轻视，所以孔子只有在平常对弟子讲学的时候，很感慨地说了一句："禹，吾无间然矣。"换言之，孔子说，对于大禹，我实在不可以再在他的功业当中，挑剔什么啊！

第四篇 外用之学

二七、三代以后的帝王与平民

「齐家」的妇女真伟大
帝王家庭问题多
管仲与齐桓公的精彩对话

继"诚意、正心、修身"等"内明"(圣)之后,真正转入"外用"(王)之学,便自"齐家"开始。所谓"家齐而后国治"的标榜,是从孔子开始提到尧舜与周文王、武王之外,在后来的历史上,几乎是绝无仅有的事。不过,讨论"齐家"问题,必须要特别了解,在中国的上古历史上,"家"是聚族而居的群体大家庭,也就是宗法社会的中心代表。用现代话来讲,"家"就是一个族姓社团,并不像二十世纪初期以来,学步西方文化,只有一对夫妻,或加上父母子女的小家庭。当然,无论为聚族而居,几世同堂的大家庭,或是小两口子的小家庭,总是以父母、夫妻、兄弟、姊妹、子女为主体所组成的。

"齐家"的妇女真伟大

天下、国家、社会的基本单位便是"家"。所谓"齐家"的"齐",在古代读作持家的"持",也有读作治国的"治",同时有维持和治理的两重意义。

如果了解了这个基本道理,可以说,中国两千多年来儒家理想中的"齐家",只有在过去朴实无华的农村家庭里,才可以看见那种"满眼儿孙满檐日,饭香时节午鸡啼"的情况。不过,这样的殷实家庭,一定是有一个有德、有持家之道的老祖母或主妇，作为真正幕后的主持者，而并不一定是当家的男人或老祖父的成果。所以我经常说，中国文化中，维持传统的家族人伦之道的，都是历代中国妇女牺牲自我的成果，是母德的伟大，不是男士们的功劳。至少由上古到二十世纪三四十年代，还是如此。因为中国宗法社会的大家族观念，那时还未完全转变。也许我的所见不尽然，但需要大家再冷静一点仔细去研究。母教才是天下文化教育的大教化事业。大至国家民族，小至一个儿女，没有优良传统贤妻良母的教育基础，那就什么都免谈了！

帝王家庭问题多

从东周开始，直自秦汉以下而到清末，每朝每代的帝王家庭，都是有大问题的家庭。甚至可以说，大多数都是一团糟的宫廷，哪里够得上"家齐而后国治"的标准。所以孔子著《春秋》，第一笔账"郑伯克段于鄢"，就是记载由于郑庄公的母亲武姜，因偏爱心理所造成的过错。从此以后，所谓春秋时期一两百年间的"五霸"，如齐桓公、晋文公等辈开始，直到战国时期，各国的诸侯君主，大部分都是出生在大有问题的家庭，造成心理的不正常，当然够不上讲什么"修身、齐家、治国"的道理了。

战国时期结束，秦始皇的王朝建立，在短短的二三十年间，为中国的历史文明划了一道重要的界限。从此以后，中国才真正步入以一家一姓建立的帝室王朝，长达两千年左右。不过，由秦而汉、魏、晋、南北朝、隋、唐、五代、宋、元、明、清，一路下来，除了几个创业帝王，可说是有分量的英雄人物之外，其他的子孙皇帝，我叫他们是"职业皇帝"。因为他们命定出生在现成帝室家庭，生在深宫之中，长养在宫妃太监之手，菽麦不分，完全没有亲自体认民间疾苦。这些职业皇帝，可以说大部分是不懂事的血肉机器人，但他们要想不做皇帝也不可能。如果要求他们讲究"诚意、正心、修身、齐家"之道，岂不是对牛弹琴，白费心力吗？也许我又说错了，据说，牛也会懂得琴声，只是我不懂而已。况且，这些天生做职业皇帝的，其中也真有几个是了不起的人物，不可一笔抹杀。

中国有句古话说："以德服人者王，以力假仁者霸。"简简单单十二个字，就把中国历史文化"王道"和"霸道"的界别说得一清二楚了。假定三代以上，在唐尧、虞舜时代的政治，是"以德服人"的"王道"，三代以下，尤其在东周以后，则都是"以力假仁"的"霸道"治权。古文辞的用意，"假"字不完全当作真假的"假"，假当作"借"字用。所谓"以力假仁"的意思，是说，虽然都是用权力来统治，但也必须借重仁义之道来作号召。明白了这个道理，我们首先提出春秋五霸之首的齐桓公与管仲坦白的对话，便可了解秦汉以后，一两千年的皇权政治与"通儒"的知识分子结合的道理。

管仲与齐桓公的精彩对话

在历史上有准确的资料，齐桓公名小白，照旧历史的习惯，叫公子小白，他有个哥哥，叫公子纠。彼此同胞，生在帝王的家庭中，当然，命运注定是有问题的家庭。等于后来历史上的唐太宗李世民，和他的哥哥弟弟争权夺位是同样的翻版。管仲和他的至好朋友鲍叔牙，同时被分别任命辅佐公子纠与公子小白。齐国发生内乱，他两兄弟的哥哥襄公无道，被逼流亡出走。管仲和召忽辅助公子纠逃到鲁国，鲍叔牙辅助公子小白逃到莒国。

内乱平息了，彼此争先回到齐国夺权登位。为了各为其主，管仲在中途争夺战中，曾经拉弓射过小白，正好一箭射在小白的衣带钩上，幸好不死，也未受伤，但那却是致命的一箭。结果，小白和鲍叔牙争先回到了齐国，继位称齐桓公。鲍叔牙又带兵威胁鲁国说：公子纠是齐国新君桓公的亲兄弟，自己不好处理，请鲁国代为解决。因此鲁国杀了公子纠。鲍叔牙又要求鲁国说：管仲是齐桓公的仇人，有射钩之恨，请你交给我们带回齐国处理。因此，管仲就自请鲁国把他作刑犯，交付鲍叔牙带回齐国。然后，鲍叔牙对齐桓公说，要放过管仲，请他帮忙治国。齐桓公很气恨管仲，并不同意。鲍叔牙说：你不想在列国中成就霸业，那就算了！如果你想要治国图强称霸，你就非用管仲不可，我鲍叔牙是不及他的。

历史上描写汉高祖刘邦，豁达大度。事实上，刘邦还不及齐桓公的胸襟。他因为鲍叔牙的话，提醒他的兴趣，就赦免了管仲，甚至把整个政权都交给他办，委任为相，还尊称他叫仲父，等于现代人叫干爸或大爷，因为管仲比他岁数大得多。

最重要的重点，要看齐桓公与管仲的对话。

管仲说："斧钺之人也，幸以护生，以属其腰领，臣之禄也。若知国政，非臣之任也。"我是应该被你砍头的罪人，但非常侥幸的，你能原谅放过我，还保全了我的头和腰身连在一起活着，只要你给我一口饭吃就好了。如果要我担任国家的大政，恐怕不是我能胜任的吧！

齐桓公很干脆地说："子大夫受政，寡人胜任。子大夫不受政，寡人恐崩。"只要你先生肯接受我的委任，担任国家政治的重任，那我一定做得好国家领导的重任。如果你不肯担任重责，我恐怕自己会搅崩了！

你看他说得多么坦白诚恳，所以管仲也很快地答应了。这叫作早已两厢情愿，彼此客气一番，当然一拍即合。好比现在京戏上唱的周瑜打黄盖,一个愿打,一个愿挨,都是彼此心照不宣了。历史政治上,有时是很讨厌、很可怕的。但有时真如儿戏,一场天下大事,只在三言两语谈笑间决定了全盘的命运。犹如赌徒,挥手一掷,满盘皆赢,但也可能一败涂地。所以古人说:"虽曰人事,岂非天命哉!"但精彩的还在下文呢!

过了三天,齐桓公对管仲说:"寡人有大邪三,其犹尚可以为国乎?"老实对你讲,我这个人有三样很大的坏毛病,据你看,我真的还可以做大事业,可以担当一个国家的领导人吗?管仲说:"臣未得闻。"我还没有听人讲过你的缺点(其实,管仲这句话是谎话,故意给桓公留点面子,保存他的自尊心)。

齐桓公就说:第一"寡人不幸而好田,晦夜而至禽侧田,莫不见禽而后反,诸侯使者无所致,百官有司无所复"。我真不幸,平生癖爱打猎,不管白天夜里,喜欢猎捕禽兽为乐。每次打猎,一定要猎获很多动物,才肯回来。所以使各国来的大使,等了很久也见不到面,政府里的百官和担任公职的人们,没有机会向我汇报请示。因为我只管好玩,不喜欢办公做事。

管仲说:"恶则恶矣,然非其急者也。"这种习惯,坏是很坏,但还不是最重要的关键。

齐桓公又说:第二我很不幸,喜欢喝酒,白天夜里,连续地喝。那些外国使节,根本见不到我的面。(省略原文)

管仲说:"这也是很坏的恶习惯,但还不是最重要的关键。"

齐桓公再说:第三我有很不好的禀性污点,非常喜欢女色,而且乱来。因此,在长辈中的阿姑,平辈的姊妹,都有被我污染的,就不能出嫁了!(这就是古代大家族社会的阴暗面)

管仲说:"这是坏透了的习惯,但还不算是最重要的关键。"

齐桓公听到管仲这样答复,真的奇怪,用一副怪模怪样的眼光,很紧张地问管仲,你说我有这三样很坏的恶习惯,仍还可以担当领导国家的大任,那么,还有什么不可以的事呢?

管仲说:"人君唯优与不敏则不可。优则亡众,不敏不及事。"做一个国家主体的领导人,最要紧的不能是一个优哉游哉、优柔寡断、没有智慧、拿不定主张的个性;同时又不够聪明,碰到事情,反应不敏捷。如有这两种毛病,实在不足以担当治国的重任。因为优柔寡断、马马虎虎,使部下轻视,失去崇敬信仰的重心,能干肯干的人才就别有作为了。如果碰到事情,反应不灵敏,缺乏决断,糊里糊涂,那还能做什么事呢?

其实,管仲还不好说:齐桓公,你是一个够聪明的坏蛋,正因太聪明,所以坏处不少。但你能听鲍叔牙主张,放弃了仇视我的心理,说办就办,要我来总理国事当宰相,有决断、有勇气、有气魄,敢放胆一试,可见不是一个笨蛋。尤其胸怀潇洒,豪爽而不自欺,敢于自我批评、自我检讨,说自己的坏处,就不是一般人所能做到的格局了。

齐桓公一听就说:"好的!请你先回官舍吧!过几天,再请你来,我们商量商量办吧!"

管仲就说:"时间是很宝贵的,哪里可以等到明天啊!"

齐桓公说:"那,你说怎么办?"

管仲立即推荐公子举、公子开方、曹孙宿三位人才,派去做鲁国、卫国、荆国的大使,先稳定国际间的紧张局面。齐桓公都立刻照办了。然后管仲又安排了外交、农业经济、国防军事、司法行政、监察等五位大臣,再次对齐桓公说:"此五子者,夷吾(管仲的名)一不如,然而以易夷吾,吾不为也。"我推荐的这五位大臣,每一个都比我强,如果把我换作他们,无论哪一部的事,我是决不干的。"君若欲治国强兵,则五子者存矣。若欲霸王,夷吾在此。"假如你只想把齐国一国政治搞好,国富兵强,只要有这五位大臣就行了。如果你想做到在列国之间的霸主,那就非我不可了。齐桓公就说：都照你的去办吧！

因此，管仲就使齐桓公在当时的历史上，做到有名的大事。所谓"一匡天下"，一下子就匡正了当时周室衰败的中国王朝；"九合诸侯"，在列强的国际间，九次召集国际会议，安定当时春秋时代的中国天下，达四十多年之久。所以，管仲死后九十余年出生的孔子，也很感叹惊佩地说："微管仲！吾其披发左衽矣。"唉！当时如果没有管仲出来救世救人，恐怕我们早已沦落为没有文化文明的野蛮人，披头散发，穿光着右边臂膀的番装啦！

二八、帝王样板齐桓公

真正的政治家是什么
齐桓公是什么样的人物
管仲怎么报答鲍叔牙
今天还须向管仲借镜

三千年前,中国的历史,出现以周朝王室为中心的封建诸侯联邦政治体制,实行土地公有,以井田制度建立农业经济社会的典范。五六百年后,从周朝王室的威信动摇,东迁洛阳作为首都开始,便进入所谓东周列国争霸的春秋时代。历史与文化,是分不开的并蒂莲花,从春秋时代,直到战国七雄时期,也就是中国文化所谓百家争鸣、诸子并出的阶段。

从表面听来,诸子百家争鸣,那一定是何等的热闹,非常的有趣。事实上,所谓争鸣,所谓诸子的学术思想,都是围绕着一个传统的中心在转。这个中心,便是"道",也就是儒道并未分家,诸子百家也并未分家的天人之际的"道",尤其重在"人道"。换言之,诸子百家的学说提出的主张,都是希望人民生活安乐,社会平安,使人人有安乐的一生,有一个圆满欢欣的家庭,有一个富强康乐的国家。

真正的政治家是什么

所以我平常喜欢开玩笑地说,你们办大学,给学位,随便怎样办都可以,只有两个学位是绝对无法定位的,一是政治,一是军事,这两种是无法给予什么博士头衔的。因为这两者并不属于专才之学,而是通才之学的范围。你只要看《封神榜》,姜子牙辅助周文王、武王，建立了八百年的周室王朝政权，他的坐骑，叫作四不像。最后论功行赏，他一手分封天地神祇，但忘了自己，无可奈何，只好自封做一个"社稷神"拉倒。这是一个最低层起码的小主管，从基层上保护人民土地的土地神而已。真正的政治家、军事家，是通才，是四不像，是社稷神。姜子牙和管仲，都是这种人。

同时我还说，我读了许多中西方有关的政治学的书，还不及中国民间传统流行的十二个字说得彻头彻尾，清清楚楚。是哪十二个字的真言咒语呢？那就是"风调雨顺"、"国泰民安"、"安居乐业"。谁能领导天下国家达到这个目的，就可封神了！尤其有关天人之际的"风调雨顺"！换言之，这四个字，包括没有风灾、水灾、地震、旱灾等等的内涵！至于人事和人道，统统在后面的两句话中，可惜虽一望便知，却一生也做不到。

如从人类学的角度来看，事实很有趣，我也常把东西方文化相互对比，以太阳绕地球一昼夜作比方，却发现东西两方人类历史文化的变化现象，同在五百年之间，必有王者兴，几乎完全有异曲同工之妙。例如我们的历史，到了春秋以后，名王迭起，而有道之士的哲人也应运而生。中国有个齐桓公，配上一个管仲。而在西方，也是名王配名师，凑巧的真有趣。欧洲有个亚历山大，配上一个亚里士多德。印度也有一个阿育王，配上一个优婆鞠多尊者。当然，在这个阶段，什么日本、美国，连个影子还没有呢！

但是，以中国历史的习惯来说，三代以后，所谓历史上的名王，最了不起的，也只能算作英雄，绝不是圣人。所谓这些英雄的名王们，也都像我小时候的一位老辈的诗说："江山代有英雄出，扰乱苍生数十年"，如此而已。他们与《大学》的"明德"外用（王）之学，所谓"修身、齐家、治国、平天下"，岂只似是而非，可说都是背道而驰的。

齐桓公是什么样的人物

例如我们特别提出在春秋时期所谓五霸之首的齐桓公，便是秦汉以后两千年来，大多数创业帝王的样板。但不管是哪种版本，也都会影响他们所建立的王朝文化历史几百年，直到如今。无论你从唯物史观、唯心史观或其他角度来看，始终错综复杂，讲得不会透彻清楚，岂不玄哉！

现在先让我们来看史称齐桓公的吕小白这位老兄吧！他出身是一个诸侯王的少子，照现在人用西方文化的习惯称呼，在他少年的时期，当然是一个白马王子。他本来就习惯于豪华奢侈的生活，尤其是他的禀赋个性，凡与"喜、怒、哀、惧、爱、恶、欲"七情，及六欲有关的吃、喝、玩、乐、嫖、赌、招、摇，都无所不为、无所不会。即使他自己不会，旁边左右跟随他的人，为了讨好他，也势必引诱他学会。何况他自己又聪明，又敢作敢为，当然会养成他天不怕、地不怕的个性，根本谈不上什么"知止而后有定"，乃至"意诚、心正、身修"一类的戒条式的学养了。因此，他就变成一个贪玩、贪吃、酗酒、好色、乱伦等恶性重大的世家公子。

但他在心理意识上，会不会有烦恼、有忧患、有悲哀呢？那当然是有的。尤其在王室家族的家庭矛盾、权位争夺的利害斗争上，随时都有烦恼迫人而来。但好在他是一个嗜酒如命的人，平常大多活在醉梦之间，正如庄子所说："酒醉则神全"。贪杯耽酒，有时如有道之士的修养一样，容易忘身忘物。

小白齐桓公，就是这样一个典型人物，他之所以会成为历史上的名王，第一，他具有天生王子的身份，在当时社会政治的大环境中，有了机会，自然是有资格登位称王的。管仲、鲍叔牙纵有帝王之才，在当时的社会政治上，是绝不可能自立为王的。第二，他在个人的私生活上，虽然坏习惯的恶性很大，但对于处理大事的关节眼上，他能够识人、用人、信任人。而且还有一个关键性的特长，遇事反应灵敏，决断果敢。这两点，正是管仲所希望找到的一个好老板。第三，他天生有四十年成为名王的好运，碰上鲍叔牙和管仲。

管仲怎么报答鲍叔牙

如果因人论事，可以说，使齐桓公在春秋时期成就霸业的是鲍叔牙，使管仲能辅助齐桓公而大展才能，成为千古名臣的，也是鲍叔牙。管仲能还报鲍叔牙的，就是临死以前，坚持吩咐齐桓公不可以叫鲍叔牙继任他的相位。因为管仲知道他死了，齐桓公也就完了，如果叫鲍叔牙继承相位，一定死于非命，那他就对不起一生的真正知己了。

大家读历史，都知道千古以来，最好朋友的知己交情，都称赞"管鲍之交"，有通财之义。其实，还都是向钱看的话，根本不懂"管鲍之交"的要点。我们且看鲍叔牙开始推辞相位，力荐管仲的话说：

> 臣之所不若（管）夷吾者五：宽惠柔民，弗若也；治国家不失其柄，弗若也；忠信可结于百姓，弗若也；制礼义可法于四方，弗若也；执枹鼓立于军门，使百姓加勇焉，弗若也。

齐桓公听了，就放弃仇视管仲的心结。甚至听到鲁国把他绑起送回来，就亲自出郊来迎接他。但管仲临死前对齐桓公怎样说呢？

> 鲍叔，君子也。千乘之国，不以其道予之，不受也。虽然，不可以为政，其为人也，好善而恶恶已甚，见一恶，终身不忘。

这就是"管鲍之交"的知己明言，他不希望自己死后，把鲍叔牙一条命送到小人手里的用心了。

今天还须向管仲借镜

在中国的历史上，到了春秋初期，以齐桓公作标题，管仲作内容来讲，管仲的政治哲学和他的政治体制的实施，可以说就是后来两千年来历史上帝王政权的大样板，直到现在，同样还有它的权威价值。

一、他开始用姜太公吕望治齐的方针，发展工商业经济、整顿财政、改变税制，先求利民富国。所谓"仓廪实而知礼节，衣食足而知荣辱"，就是千古不朽的名训。

二、由他手里，渐渐改变了公有的井田制度，让人民有合理的私有财产，做到了民富则国强的目的。

三、创立全民皆兵、全兵皆农的体制，以治军的制度，编制民间社会。也可说是为后世乡镇、邻里、保甲、地方自治的创始者。

四、民富国强，社会形态转变后，必然会产生奢侈逸乐的现象。同时，为了招徕国际商贾的需要，大胆开创了公娼制度，以免社会产生负面阴影，破坏善良风俗。

五、不但如此，他对于传统文化的"形而上"道的哲学，犹如曾子著《大学》所说的"明明德"及"正心、诚意"之学，乃至"外用"于实际政治理论之间，都有很高明的深度。如果以我的观点来看，后世的儒家理学家们，未必能望其项背。无奈后人都把他身后的著作《管子》，只视为政治学的学术，未免太可惜了！

从他辅佐齐桓公尊王（拥护周室的中央王朝），称霸四十年后，他死了，这个只管享现成福的齐桓公，第二年也就完了。

齐桓公死后，五个儿子照样翻版，各自结党争立，彼此攻杀。他的尸体停在宫中床上六十七天，烂了生虫，也没有人来过问。这样便是身不能修，家不能齐，自己又非治国之才的结果样板。所以《大学》说："自天子以至于庶人，一是皆以修身为本"，并非只是戒条式的虚文啊！

不但是齐桓公，我一生亲自看到好几个白手起家发财成巨富的大老板，死后儿女们停尸不葬，闹着打官司、争财产，还背地骂爸骂娘的多着呢！因为我看得太多了，更相信孔孟之教开的药方，是真对症的。可惜我国我民不肯吃药，所以常在病中，只有莫奈他何之叹了！

其实，几个有名的圣哲之教，都是针对医治人性恶习的药方。因为我们的民族性，存在有不仁、不义、不忠、不孝、无信、无耻的老毛病，所以孔子为代表的儒家，开了"仁、义、忠、孝、礼、智、信"等药方。老子开的，是"慈、俭、不敢为天下先"三味偏方，也可治百病的。印度人历来存在阶级仇视，所以释迦牟尼开了"平等、慈悲"两味大药。两千多年前的西方风气，太过自私狭隘，又加粗暴，所以耶稣开了"博爱"一味单方。不过，现代人看不起老古方，拼命要向唯钱主义，去买新发明的西药吃，实在不知道那些化学剂品的药，今天说对，明天又说不对，恐怕不一定靠得住吧！小心为妙啊！人性，有善恶兼具的根底，去恶为善是健康的人生，蔽善从恶便是病态的人生。可惜人们喜欢以病为乐，因此人类史成为一部病理学医案史。所以中西的圣哲们，也只好永远担任医疗的护理工作了。

二九、身世堪怜一霸君

一统中国的历史背景
吕不韦的『奇货』投资计划
秦始皇从整顿宫闱着手
秦始皇的性格是如何形成
秦始皇的一封亲笔信
灭六国者，六国也

假如我们把周室王朝（包括春秋战国）划归中国上古史的末期，那么，中古时期的历史，很明显的，当然以嬴政王朝秦始皇帝作为划时代的开始。这个时期，在中国，正是声名煊赫的秦政时代，在西方的欧洲，也正是威名鼎盛的罗马帝国时代。

秦始皇的崛起，消灭战国末期的六国，开始建立皇权统一的中国，的确是历史上的大事。但时势造成一个有变态心理的秦始皇，完全是由于阳翟（开封禹县）商人吕不韦的商业谋略所制造成功的结果。例如现代美国式的民选总统，幕后台前，都是大资本商人所制造成功的国体。幕后出钱推出民选总统，台前的政府体制，也完全学习工商管理。伟哉商人，岂可轻视。当然，只有姜太公与管仲，早有先见之明，决不轻视，而且还特别重视呢！其次，便是范蠡和子贡，他两人才是真正下海入流的儒商呢！无人可以比拟。但千万不要忘了，如果全民皆商，恐怕是"国将不国"矣！

一统中国的历史背景

假如我们从哲学的观点来看历史和人事，谁也想不到当时一个无关大要的人物，一件满不在乎的小事，经过时间的推移，便会形成影响后来一国或天下的历史大事。每个朝代，每个政府，不管如何防范，怎样禁令，都是镇压不住的，这就是历史哲学所谓"虽曰人事，岂非天命哉"的道理了！

东周后期的秦国，当时只不过是中国西北高原上一个文化比较落后的新兴国家。但在春秋战国时期，五霸争雄、七国互相侵略的战乱中，受历史经验教育的秦国，便渐渐地乘机壮大起来。接着由秦孝公信任的客卿商鞅（卫国人），实行以法治国的法治体制，废弃井田制度，迁都咸阳，变更周室王朝几百年的政体，实在是一件历史上的革命大事。但不到二十年，秦孝公便死了。因为秦国上上下下，不习惯法治的管理，而且废掉习惯已久的井田制度，正如历史所载："民曰不便"，以致所有埋怨愤怒的大众情绪，就都集中到商鞅一身了。所以秦惠王即位，便杀了商鞅，但法治的政制仍然未变。

十年之后，整个战国七雄就在苏秦张仪两个同学手中，彼此更换谋略，用合纵连横的策略，以国际间相互利害关系，互结防御协定，使战国的局面，暂时安定了二三十年。这便是历史上书生谋国一大奇迹。再后来便是秦昭襄王崛起，自称"西帝"，遣使立齐国的国君为"东帝"，早已目无中央周室的王朝了！不过三十年之间，周代最后王朝，就被秦国所灭。

这个历史过程，由秦孝公到秦昭襄王灭周的时期，先后也不过一百一十年左右，即公元前359年到前250年之间，可以说是真正新兴的秦国鼎盛时期。从此以后，不出十年，便如近代史上太平天国的翼王石达开诗中所说，"贾人居货移秦鼎，亭长还乡唱大风"的时代来临了！与其说秦始皇在位的三十多年，是暴君"嬴政"的时代，毋宁说那是"吕不韦商号"赢利最成功的时代。

吕不韦的"奇货"投资计划

　　有关秦始皇嬴政的身世,与吕不韦奇货可居的商业投资计划,这都是史有明文,不必讳言的实事。这件历史的故事,就发生在秦国灭掉周朝的前一年,也就是秦国杀名将白起的当年。

　　这个时期,秦昭襄王为了谋(战)略上的需要,把太子嬴柱的宠妃夏姬所生的儿子异人(后来改名叫楚),交与赵国做人质。异人虽然是秦国的皇孙,但他是太子次妃所生,也并不十分得宠,所以秦国就随便把他当战略品来用。秦虽然有人质在赵国,照样无所顾忌地随时出兵打赵国。因此,异人在赵国是被冷落监视的人,当然很受罪受苦。恰巧吕不韦为了生意到邯郸,碰到了异人。他以一个久经商业资讯训练的敏感眼光,便肯定地说:奇货可居也。这是说异人是一个商场大买卖的奇货,"囤积居奇"了他,一定可以大发其财的。所以吕不韦便和异人结交做朋友。正在落难中的可怜人,随时有可能被赵国处死,现在居然有一个国际上的大商人、大资本家肯和他做朋友,解决了生活上的困难,当然是高兴极了。

　　过了几天,吕不韦就对他说:你的祖父秦王年龄大了,随时会有问题。你的父亲最宠爱的妃子是华阳夫人,但她没有儿子。你的家族同辈兄弟二十多个,你不过是其中的一个,而且并不得宠。你祖父死了,你父亲继位,绝对没有机会把你立做太子,你的前途实在很难说了!异人一听,当然很明白吕不韦说的全是事实。他说:你看我要怎么办才好?吕不韦便说:秦国宫廷中,现在有资格提出立谁做太子的太孙的人,只有华阳夫人,我虽然是小资本的买卖人,但我愿意拿出千金来帮助你,并且我为你先去秦国打通关节,要使华阳夫人肯定立你做皇太孙。异人听了便说，如果照你的计划成功了，我如得到权位，一句话，我便和你老兄共有同享秦国的一切。

　　吕不韦先给异人五百金，叫他尽量交际宾客朋友，结识各种人才，等于现在人们的组织人才集团。另外又拿出五百金，叫他去收买那些最名贵的首饰和稀奇古怪好玩的东西。由吕不韦带着这些国际特等名牌的高贵物品，西去秦国。以吕不韦的生意头脑，到了秦国以后，先找到了华阳夫人的姊姊。当然是先吹牛又拍马，同时又再送重礼。来往于国际间的大商人、资本家，谁都不免另眼相看，况且吕不韦又彬彬有礼，"币重言甘"，并不像个暴发户的样子，自然就打通门道见到华阳夫人。于是吕不韦就说：在赵国与异人结交成了好朋友，异人的做人是怎样成功，国际上的知名之士，有学问、有才能的人，都喜欢和他做朋友，真可算是众望所归的"贤公子"。但他本人身在外国，昼夜都在思念父亲（秦国的太子）和夫人你两人，常常偷偷地哭泣。这些情形，只有我吕不韦最清楚，所以托我特别到秦国来，代他送上这些东西给夫人，表示他的孝心。说完了这些重要的话，吕不韦表示自己很忙，就起身告辞了。

　　出来以后，当然想尽办法向华阳夫人的姊姊做工作，教她怎样办。因此华阳夫人的姊姊就进宫对妹妹说："你在太子身边，虽然是最得宠的妃子，但你没有儿子。还不趁现在得宠的时候，在这班后辈的弟兄中，挑选一个前途有希望的做养子，将来年老色衰，可能还有希望做太后。如果等到年纪大了，又不得宠了，再想培养一个有希望继位的人，那就没有机会开口了！照我看来，这个异人，被派在赵国做人质，是代表秦国去担风险，回来了一定是大功劳一件。他人又好，国际声望也很高。而且他知道自己在众多兄弟当中，并不太被重视。你如果在这个关键时候向太子一说，提出要收异人做儿子，太子一定会答应，那么，异人无国而有国，夫人无子而有子。你在秦国后宫的地位，就到老有靠了！"华阳夫人一听，认为这是最好的办法，于是找个机会，就向太子要求，太子为了爱她，就答应照办。并且由太子和华阳夫人出名，刻了玉符（用玉片刻上字的契约），约定以异人做华阳夫人的儿子，等于是秦王太孙，交给吕不韦带去赵国交付异人。吕不韦的计划第一步成功了！等于做生意要收购别人的大公司，他总算拿到初步的草约了。

吕不韦回到邯郸以后，一方面加紧培养异人，亲如兄弟，另一方面，他在邯郸找到一个绝色美人，也就是古人说"燕赵多佳人"的顶尖美女，娶过门来做自己的姨太太，很快也就怀孕了。古话说得一点也不错，"饱暖思淫欲，饥寒起盗心"。异人出入吕家，很容易就看到吕不韦的新姨太，她实在太美了，所以就向吕不韦要求，将这美女让给他做太太。吕不韦一听非常生气，"朋友妻，不可嬉"。你这个人，怎么这样无礼，你在患难当中，我救你，还给你想尽办法弄到当秦国的皇太孙。现在你居然忘本，还要打我老婆的主意，我要和你绝交了！当然，异人如失去了吕不韦，自己在赵国不过是一个人质而已，毫无生命的保障，生活的艰难更不用说。在这种情况下，当然只有道歉赔罪，请求原谅拉倒。

真戏假做，最后，吕不韦还是把这位姨太太让给异人做老婆，作为患难夫妻，可以安慰他孤身流落在异国的痛苦，至于生活一切，当然仍由吕不韦照应。不到一年，就生了儿子，取名嬴政，就是后来的秦始皇。接着，秦国又出兵打赵国，包围了邯郸。赵国人要杀掉秦国的人质异人，吕不韦就用很多钱买通看守监禁他的人，放他一家三口逃回秦国的部队里去，那当然就被秦人护送回国。异人就穿着楚国的衣服来叩见华阳夫人，因为她是楚国人。华阳夫人看到异人穿的是楚装，更为高兴，为了纪念故乡楚国，就替异人改了名字叫"楚"（用南方习惯，就叫阿楚了）。

吕不韦的运气真好，更名楚的异人，回到秦国不到六年，这位灭周朝称西帝的昭襄王嬴稷死了，顺理成章地由太子嬴柱即位，不过，只当了三天的秦王就死了。皇太孙嬴楚（异人）即位，尊华阳夫人为太后，称自己的亲生母亲夏姬为夏太后，起用吕不韦为相国，封文信侯。这样就叫作"封侯拜相"，成为一人之下，万人之上的富贵尊荣了！所以我常对做生意经商的朋友们说，无论如何，你也做不到吕不韦的成绩，他只看准一个货色，就投资经营，结果，岂只一本万利而已。但吕不韦真不简单，他还想做千秋的大买卖，要在文化学术思想上变成圣人，想和管仲、孔子比上一比呢！

吕不韦做了秦国的相国，周朝的后裔东周君与少数的诸侯们计划伐秦，秦王使相国率兵灭掉东周，周朝的天下，这才正式转到"吕秦"的手里。因为异人做了秦王之后，史称为秦庄襄王，不到三年，也就死了。所生儿子嬴政十三岁即位，国事都委交相国文信侯吕不韦，叫他"仲父"。古代的仲字，是第二、中间、其次的代号。等于叫吕不韦是二爸爸，客气地说，便是后代所谓的干爸。所以在历史上，有人说秦王朝是与周朝先后同时亡国，应该称秦始皇为"吕政"。这个问题，在历史学的观点上，也还存在着争议呢！

史称为秦始皇的嬴政，十三岁继位为秦王，纵使聪明绝顶，到底还是一个不成年的孩子，因此，国家政治的大权，都交给相国文信侯吕不韦。这个时候的吕不韦在秦国是大权独揽，出入宫廷内外，俨然就是一个摄政王。如果以后代历史故事比喻，他犹如西汉末期的王莽，也如清兵刚刚入关初期的摄政王多尔衮。不过，吕不韦后来，并没有像王莽一样，想取汉朝的政权自做皇帝，也许有这种想法，或者自忖势所不能，或是才所不及。而且他在武功威权上，也不如清初的多尔衮，也只在宫廷中和太后的关系，比多尔衮大有不同。

当他独揽秦廷朝政的十二年之间，极力供养宾客，收罗人才，集中一般读书的知识分子，为他个人出名，合著一部网罗诸子百家杂说的书——《吕氏春秋》，又名《吕览》。这部书以上古儒道不分为主旨，尤其以传统文化中的宇宙物理的五行理论科学作纲要，串连政治哲学的理论基础。书作完成，悬之国门，公布如有人"增损一字"，就赏赐千金，表示比孔子的著《春秋》、删诗书、订礼乐的气魄还要伟大。这就是古今中外，很多发了财的大老板们和有了地位的人，最后都想挤进学术文化之林，表示自己并非不学无术，意图洗刷只有铜臭之讥。如果从心理学的观点来说，正是自卑感的作祟，也是人情之常。但这部《吕览》在后世的学术著作中，仍然有它的价值，不过，只把它归入"杂家"之学的范围。

吕不韦的商业政治计划，在历史上是绝无仅有的成功。但他只知道权位和富贵的可贵，毫无学养上的"内明"和"外用"的基础。因此，他又彻底地失败，终至于身败名裂，结束了很可惜又很可怜的一生。

秦始皇从整顿宫闱着手

吕不韦自从他的儿子"秦始皇吕政"十三岁继位做了秦王，他表面上以皇上的干爸之尊，兼为朝廷政府的相国、文信侯，权重一时，就如秦国的宗室大臣，也不敢当面非议。尤其新王的生母皇太后，本来就是吕不韦的侍妾，现在做了寡妇，年龄也不过三十多岁。母子两个，从前在赵国邯郸的时候，本来就和吕不韦是一家人一样，现在出入宫廷，当然毫无避讳。正如史书所载，太后时时与文信侯私通，那也可说是人情难免的事。

如果这种事发生在乡下普通老百姓家庭，也会招来邻居地方上人的轻视，何况在皇宫之中，左右前后、内内外外，所谓耳目众多，岂能长久瞒住。而且儿子秦始皇渐渐长大了，哪有可能不知道的。吕不韦愈想愈不对。但是这个太后，对于男女关系的欲望又很大，在感情上她又当断不断。所以吕不韦在"舍人"（随身侍从）中，找了一个叫嫪毐（读音劳爱）的人，假装太监送给太后。结果太后又生了两个私生子，又要求儿子秦始皇封嫪毐为长信侯。嫪毐本是市井无赖，小人得志，飞扬跋扈，令人侧目。因此，宫廷中有人看不下去，就向秦始皇告密。这个时候，他也是快二十岁的人了，马上下令逮捕嫪毐。嫪毐知道了就发兵叛变。秦始皇就命相国昌平君、昌文君两人带兵围攻嫪毐，抓住他，夷三族。迁太后于蕲（音倍）阳宫（陕西鄠县），扑杀了两个私生子。

但秦始皇在处理这件事上，始终对吕不韦并无举动。到了第二年，才发布命令，免了吕不韦的相国职务。而秦始皇又说吕不韦侍奉先王的功劳太大了，所以不忍心杀他，罢免了他的职位，叫他离开首都咸阳，到四川去住。

同时，因为这件事的刺激，经过秦廷宗室的提议，旧账新算，决定要驱逐各国诸侯的宾客，不准在秦国从政。这个事件的发生，在历史上，便引出一个年轻的书生李斯，当时他也是在被驱逐之列的外来宾客。为了此事，他写了一篇对秦始皇的劝告书，就是后世所流传的名文——李斯《谏逐客书》。其实，这件秦廷政变的事件，不应该说完全归罪于少年时代的秦始皇。这是秦人狭隘的本土主义作祟，是对秦廷长期任用外来人才担任政要的反弹。趁着吕不韦和嫪毐事件发生，由秦廷宗室大臣发起，抓机会来打击从各国外来的势力。

像这样的事，是千古以来政治圈中派系斗争的常事，都由于人性的极度自我自私的弱点所形成。例如清代三百年间政治历史上，始终存在北人与南人之争，学阀权要的门派意见之争，朝廷与外藩的权力之争。当然，不只是中国如此，欧美各国的历史也是一样，归根究底，都是人性阴暗面所造成的结果。

以秦国来讲，自秦孝公开始，起用商鞅、张仪、范雎、吕不韦乃至李斯，凡与秦国逐步富强壮大有关的历史名臣，几乎都是外宾。秦国朝廷和秦国社会，只是坐享其成。但在浓厚的地域观念上，又始终彼此不服气，因此而形成中央在权力上的派系风暴，这是每个主政者最头痛的事。不但政治圈中如此，就连现在的商业集团、公司、行号、工厂、店铺，只要有三人以上的地方，就会出现人事摩擦。好在少年的秦始皇还算明白，看了李斯的《谏逐客书》建议，就停止驱逐宾客，才使外来的人才不散。因为秦始皇从小跟着父母在赵国长大，而且见惯宾客成群的场合，知道利弊。换言之，当时所谓驱逐宾客，便同现在所谓的"裁员"，多少也有裁减冗员、减少预算的作用。但在国家的大政上，有时因此而受影响，可能会非同小可。因此，宋代的名臣苏辙对于这件事，大有感想，便写了一篇文章《六国论》。

秦始皇的性格是如何形成

正当少壮盛年还只二十出头的秦始皇，登位不到十年，就碰上宫廷内部发生重大的丑闻，而且当事人就是生母和从小跟随长大的"仲父"吕不韦。大家试想，假定我们中任何一个人是他，不可能不气疯了，也许就会出家入山，或者造成另一种心理变态或精神分裂。所以他当时把生母（太后）迁出宫廷，住到首都旁的小邑，并且下令对这件事的处置，如有人敢"谏者死"。那种心理上的矛盾，是很难想象的处境。

在这样要命的严威中,那些死守中国文化孝道的儒生们,居然一个接一个来劝谏,因此而被杀掉的,已经二十七人。这就是历史上说秦始皇暴君的第一幕。但正在他暴怒杀谏者的时候,居然又来了一个齐国儒生茅焦,要求面见皇帝进谏。秦始皇一听又有一个不怕死的来了,气得暴跳如雷,大叫着:"快拿大锅来,要活活地烹了这个家伙!"茅焦看了现场一眼,慢慢地一步一步走到他的面前说:"臣闻有生者不讳死,有国者不讳亡。死生存亡,圣主所欲急问也。陛下欲闻之乎?"秦始皇听了说:"你还有什么话要说?"茅焦说:"陛下有狂悖之行,不自知耶?车裂假父(指嫪毐,真是难听难受的话),囊扑二弟(指其母与嫪毐所生的二子),迁母于雍,残戮谏士。桀纣之行,不至于是矣。令天下闻之,尽瓦解无向秦者,臣窃为陛下危之。"(我该说的,都说完了。)就自己解开衣服,去伏在砍头的木桩上去。等于说:你来杀吧!谁知道这个时候的少年秦始皇,反而走下宝座来,自己承认错了,并且亲自扶他起来,立刻封他为上卿的职位。并且马上下令车队出发,他亲自驾车,空出左边的大位,去接母亲回宫,还和原来一样亲爱,好像什么事都没有发生过。

这也是历史上真实记载的故事。我们可以看出秦始皇的残暴作风,他是怎么形成这种性格的?这与"大学之道"的"诚意、正心、修身、齐家、治国"的教育,关系的重点又在哪里?同时也可看出古代知识分子的儒生,那种"择善固执""死守善道"的精神。茅焦为什么敢把生死性命当赌注,难道正如现代人的观念,真想拿命来换取侥幸的财富和地位吗?你能否认秦始皇不是有爱生母的孝心,原谅母亲所做的一切过错吗?除非被历史的主观成见固定了,不然,你会发现秦始皇确是一个可造之才,只是环境使他很不幸,自小没有受过良好的教养。这些过错,还是由于吕不韦"不学无术"所造成。

秦始皇的一封亲笔信

但秦始皇对于吕不韦又怎么办呢？他踌躇考虑了一个冬天，到了第二年，罢免了他的职位，叫他到四川去住。吕不韦虽然住在四川不到一年，但各国的诸侯们还派人去拜访联络的，"不绝于道"。换言之，一个接一个，一国接一国来看他。秦始皇当然会有情报，愈想愈不对，愈想愈矛盾，因为他从小跟着吕不韦长大，对于他的才能、作风，甚至个性等，当然很清楚。或者可以说，他也明白自己的身世与吕不韦之间的关系。因为他的生母，是没有受过良好教育的人，只会懂得享受。母子从小开始，很可能是无话不谈，也许生母对吕不韦是有另一份真情的，所以可以推断秦始皇是心里明白，什么都知道的。秦始皇反复考虑了很久，又怕吕不韦不甘寂寞，另外弄出花样生事，他便亲自写了一封信给吕不韦说："君何功于秦？秦封君河南，食十万户。君何亲于秦？号称仲父。其与家属徙处蜀！"

吕不韦看了信以后，知道这个儿子现在是个完全的秦王了，不好惹，怕被他不明不白地杀了不好，还不如自己处理了好一点。因此，吕不韦便自杀了，更了却秦始皇一桩为难的心事。也可以说，牺牲自我，完成儿子做秦王的事业。不能不说这是吕不韦最后的奉献。做了一辈子生意，"天下自我得之，儿子自我失之"，亦复何憾！

大家读历史，对于秦始皇这封简短的妙文，很容易忽略过去。其实，这封信的内涵，真是妙不可言，可见秦始皇的头脑太不简单，也许是吕不韦遗传基因的作用。他第一句话就说："你对秦国真有什么功劳好处吗？秦国还让你享有十万家税收的富有资产，是为什么？"第二句话说："你和秦国有什么亲族的关系吗？为什么我要叫你干爸？这些你自己都明白，不要我说。你应该老老实实地迁到四川住吧！"在古文，就是这样的五句话，他父子两个心里都明白了。换言之，秦始皇表明了，"我现在是真正的嬴秦王朝的后代，我是秦王，是主人公。你过去所做的事，真的是想为了秦国吗？天知道，我明白，你还是规规矩矩在四川养老吧！不要再打什么歪主意了"。就是这样，聪明人一点就透，这是真正脱离父子关系的宣告。吕不韦知道自己的儿子调教成功，能自立自主了，所以他的一切希望也都破灭，年纪也老大了，只有走上自杀的一条路。

但是，也可说，秦始皇对于没有文化教养的生母，还是很有孝心；对于吕不韦，也是很不忍心。所以也不能一味说他是绝对的粗暴。不然，从春秋到战国，弑君杀父的诸侯王，岂只一两个而已。即如秦朝以后的帝王，派人送一把刀，一瓶毒酒，一条上吊的绳子，命令他自杀的多着呢！但秦始皇对吕不韦，并没有这样做。其故何在，殊可深思也！

灭六国者，六国也

秦始皇从太后与吕不韦这件内宫事故以后，可以说才正式自己亲政。他的运气真不坏，在十二年之间，消灭了当时仅存的诸侯韩、赵、燕、魏、楚、齐等六国诸侯，在这中间，最有名的历史故事，就是燕太子丹使刺客荆轲刺秦王。但记载中国旧历史的朱熹《资治通鉴纲目》上，却写着："燕太子丹使盗劫秦王，不克。秦遂击破燕代兵，进围蓟。"这样记载历史是否合理，很难评论。所谓《紫阳（朱熹）纲目》等，同时又认为当时的六国并无大罪，秦要灭掉他们，就是最大的暴政之一。这些就是后儒政治哲学思想的看法和评论，对与不对，随着时代和人类社会的文化演变，也很难说。

其实，燕太子丹与秦始皇小的时候，同时都在赵国做人质，而且是同在患难中的好朋友，当然也认识秦始皇的父母与吕不韦。到了秦始皇继位为秦王，燕太子丹又被燕国派到秦国来做人质，但秦始皇并不买账，没有特别礼遇他，只把他当一般诸侯派来的人质看待。因此，燕太子丹气愤极了，就偷偷地逃脱回国来，想尽办法找到刺客荆轲，想用暗杀的手段刺死秦王。这个历史上有名的故事，就是后世中国文化武侠小说的前奏。

如果从一个国家对敌国的角度来说，燕太子丹回国以后，不从政治、经济、军事上发奋图强来反击秦国，却出此下策，他本身，实在还不及当时的三大公子，即齐公子孟尝君、赵公子平原君、魏公子信陵君，他们还能做救亡图存的工作。也许这就是战国末期的现象，真正到了人才气数已尽，徒使"吕政"孺子成名而已。所以唐代名臣杜牧在《阿房宫赋》里就说过："灭六国者，六国也，非秦也。"

从此以后，秦始皇统一中国的天下，废弃周代以来的封建诸侯制度，划分全国行政区域为郡县，便于统治。他绝对想不到因此一举，恰好为中华民族的统一，奠定了千秋的基础。其他如北逐匈奴，修筑长城作为边防前线，南收南越等地入于版图，巡游四方各地，在咸阳大兴土木筑阿房宫。甚至在死前两年，做过历史有名的"焚书坑儒"，成为遗臭万年、矢上加尖的大暴政。他在王位二十五年，称皇帝十二年，只有五十岁就死了。三年以后，由他所建立的秦朝也亡了。如果从哲学的文学观点来看，正如宋代词人朱敦儒所吟唱：

青史几番春梦　红尘多少奇才
不须计较更安排　领取而今现在

三十、秦始皇治国之道平议

奉行秦孝公以来的法治
焚书坑儒事件的真相
郡县为中央的『分公司』
张良一席关键性的盘算

大家不要忘了，我们是为了研究《大学》，因为讲到"自天子以至于庶人，一是皆以修身为本。其本乱而末治者否矣"，才衔接"身修而后家齐，家齐而后国治"的道理。因此提到三代以下，所谓"天子"的帝王，几乎没有一个可以够得上"身修而后家齐"。而且自秦汉以后的帝王家庭（从旧史的习惯，叫作宫廷），都是大有问题的家族，几乎没有一个是正常"家齐"的好榜样，因此而造成历史上做领导人的帝王们，大多都是变态心理或精神病的人物。所以便引用了齐桓公与秦始皇两个变态心理的事迹，作为参考。不要听到历史，好像在听评书、讲小说故事那么有兴趣，而忘了本题。

奉行秦孝公以来的法治

如果由"齐家、治国"的观点出发，来看秦始皇的一切，你可能不会跟着史书上的观点，随便叫他是一个暴君了。你可能非常同情他，他因家庭身世的暧昧，引起心理变态的精神病患者，长时压制着内心的痛苦和愤怒，又怕天下人看不起他，所以随时遇事，便会迁怒他人。加上他身居帝王的宝座上，由传统的宗法社会赋予他权力，社会人群不得不尊奉他为天子，自然就使喜、怒、哀、乐任性而为，变成一个骄狂自负的帝王了。至于他的治国之道，因为他本身根本缺乏儒道或他家文化的教养，可以大胆假定地说，他是完全传习了吕不韦的大商贾习气而来。现就他治国之道，只提出两点简略地来谈。

一、严刑峻法。秦国的传统，在战国前后的一百多年以来，从秦孝公采用商鞅的建制，建立用"法"治国开始，一直到秦始皇时代，并无变更。这个时期的欧洲，也正是罗马帝国和"罗马法"的建立阶段。一个国家社会，只讲究法治的结果，也可以使国富兵强，处处有规律、有准则。但是整个社会人民，就变成缚手缚足，处处寸步难行，动辄得咎，随时可能触犯刑章，变成罪人。而且偏重用"法"治国，法理的逻辑愈严密，执行的弊端愈多。因为社会随时在变，人事也随时随地在变，法律规定也会随时随地增加。因此，立法执行的政府，变成无情的机制网。领导国家的帝王们，位在法律之上，自有特殊的裁决权，即使不是暴君，也不得不变成暴君了。任何一个大小的领导者，必定是众望所归、众怨所集的焦点。例如号称现代民主法制的美国，也正走入法律繁多的弊病，"律师"变成美国人民咒骂祸害的代名词了。所以老子说："法令滋彰，盗贼多有。"他希望的"无为"之治，是无法规的自治。所谓"天网恢恢，疏而不漏"，是无条例的自律。孟子也说："徒善不足以为政，徒法不能以自行。"专讲法治，最后使立法执法的人，自己也走不通了。历史上说秦始皇以"严刑峻法"治国，所以速其灭亡。其实，秦始皇懂得什么法不法的，他只是奉行秦国祖宗以来的法治，加上他个人的迁怒于人的暴行而已。

焚书坑儒事件的真相

就"焚书"来说，秦始皇是把周青臣的恭维和淳于越的争议,命令大臣们会议。结果,丞相李斯特别提出"史官非秦纪皆烧之","非博士官所职"都烧了。李斯当时是权倾一时的首相,又是儒者荀子(卿)的学生,所以秦始皇采取他的意见,就下命令写了一个"可"字。你说他是独断独行吗?如果现在依法平反,该判"焚书"之罪的是李斯和楚霸王项羽。而且当时所烧的书,是指私家藏书。但博士官有的藏书,集中在咸阳宫中,后来被项羽放一把火,连同阿房宫也一起烧了。但苏东坡却认为"焚书"的罪过,应该由荀子来负责,因为李斯是荀子的学生。

至于"坑儒"呢?在秦始皇统一中国称皇帝的时候,不但设有"博士"官职,录用来自诸侯各国的儒生们,其他在咸阳做官或吃闲饭的"宾客"还有不少人。"坑儒"的事件,发生在他死前两年,那时阿房宫也早修成了,他天天沉湎在酒色之中,自我逃避,自我麻醉,就是朝廷中的大臣们,要找他请示也很困难,不知他在哪里。他既怕死,又想寻找长生不老的药吃,那当然是百病丛生、精神很不正常的人了。照现在来说,有糖尿病、高血压、前列腺阻塞等等,甚至还有莫名其妙的多疑和恐惧症。所以他在宫中,看见从外面经过的丞相车队卫兵很威风,心里很不高兴。过几天,丞相的车队卫士减少了,他就怀疑当天跟随身边的人泄漏他的状况,统统都拿来杀了。

偏偏在这个时候,有儒士侯生、卢生两个人,互相谈论,背后讥笑他,并且不想为秦国做事,就偷偷逃走了。秦始皇知道了,勃然大怒说:"诸生或为妖言以乱黔首(老百姓),使御史按问之(按就是查办)。"这是历史真实的记载。为这件事,他大发脾气,叫执法的御史依法查办,也并没有说立刻要杀人。但"诸生转相告引,乃自除犯禁者,四百六十余人",可是,一班在咸阳的儒生们,为了表示自己清白,自写坦白书、悔过书后,有的还密告他人。一个牵连一个互相告密，因此构成犯法的共有四百六十人。所以弄得他更暴怒了，下令把他们统统活埋了。千古以来的书生们，都是"眼高于顶，命薄如纸"，平常喜欢高谈阔论，批评说理，滔滔不绝，一旦有事，大都便推过别人，自卸罪责。这也是世情之常，令人不胜悲叹的事！

由于这件事，虽然他没有下令要活埋天下的读书人，但确实使人很震惊，引起知识分子和一般人们的反叛情绪。因此，他的大儿子扶苏也看不下去，便来对他说："诸生皆诵法孔子，今以重法绳之，臣恐天下不安。"谁知秦始皇听了，反而更加大怒，立刻下令外放扶苏，派他到上郡（延安）蒙恬所管的军区当监军（政治部主任）去了。就这样种下祸根，他死后，太监赵高假造他的遗命，要扶苏、蒙恬自杀，提早促成亡秦的后果。这就是秦始皇后期精神变态到了最严重的时候，造成所谓暴君暴行的由来。

郡县为中央的"分公司"

二、设置郡县。自三代以下，以及周朝分封诸侯建国的制度，都是从宗法氏族的传统而来，长达千年以上。所谓中国上古的分封诸侯，并不同于西方文化的部落封建，其中大有差别，不可混为一谈的。而且在周秦时期，所谓"国"字，就是地方政治单位的名称，并不全同于后世"国家"的概念。历来都说周朝初期分封诸侯，号称八百之多，究竟诸侯国的数字有多少，现在很难考证确实。但在周朝所封的诸侯，并非完全是姬姓的家族，不像秦汉以后的帝王们，非同姓不封王的作风。因为"姬周"建国文化的精神，正如孔子《春秋》大义所标榜的，是以"兴灭国、继绝世"为宗旨。所以当时封建的诸侯，有的是找出尧舜以前对于人民有建功立德的人物的后代来封侯建国的，例如炎帝的后代等等。甚至把革命以后的殷朝后代，也照样分封为诸侯，决不是后世那一套赶尽杀绝的做法。

这就是从上古宗法社会重视"孝"道的观念而来。我要孝顺我的祖宗，你也要孝顺你的祖宗。我要尊重我的族姓，你也要尊重你的族姓。上古人口不多，人民生活的经济来源，都靠农业生产。尽管分封诸侯就国，但农业生产的土地，仍属中央王朝所公有，只是规划为"井田"制度，达到共有共享的目的。诸侯各国，相安无事，同奉中央王朝的周室为共主。

社会的发展，促使历史的演变，到了春秋时期，中央王朝共主的周室威望渐衰，诸侯恃强凌弱，互相吞并。尤其是文化精神衰落，所谓"春秋两百四十二年之间，弑君三十六，亡国五十二。臣弑其君，子弑其父，屡见不鲜。战伐侵攻，不可胜数"。如果是为上代复仇复国而战的，还勉强可说是正义之战，但这种只有二桩，其他都是仗势欺人的侵略战争而已。因此到了战国时期，包括秦国就只有七国在互争雄长了。

秦国是周室王朝中期所封为西北高原上的诸侯，历史文化的根基不深厚，又是新兴的诸侯之邦，为了争做雄长的霸主，就须引进外邦有文化的人才来治国建国。并且眼见自秦岭以东的各国诸侯，沉湎在老套守旧的办法，社会散漫，政治也不见得高明，因此，自秦孝公开始，就采用"法治"的主张，放弃"礼治"、"德治"的传统，专重功利。

恰巧在秦始皇十三岁即位那一年，韩国想用办法把秦国搞成民穷财尽，使它再也无力向东用兵，便派了一个搞水利工程，名叫"郑国"的人，到秦国去做间谍，设法说动秦国发展水利，打开泾河引进灌溉。工程到了一半，被秦国发现是韩国的阴谋，要杀郑国。他便说："你们现在要杀了我，没有关系，其实我已经报国有功，因为你们为了水利工程，没有出兵打韩国，等于我使韩国迟亡了几年。不过你们要知道，这个水利工程做好了，便是你们秦国子孙万世的利益！"于是便不杀他了。工程完成，使秦国增加四万多顷的农业生产土地，改善环境，经济增长，国家社会就更加富有。但也使秦始皇开始对建筑工程有了认识和兴趣，所以后来要建造咸阳宫殿，建筑前无古人的"阿房宫"了。

至于秦始皇灭六国之后，改天下为郡县的建制，推翻千年以上的传统，为后世中国留下大统一的大业，并非秦始皇有特别过人之处，那是因为他自小跟随吕不韦长大，耳濡目染，懂得大商贾的经营方法。等于现代人明白商业管理，中央是个母公司，是有绝对表决权的控股公司。天下各路的郡县是子公司（分公司），只听总（母）公司的决策来执行业务。秦始皇懂得吕不韦的经营手法，所以决定改"封建"为郡县。例如明代的朱元璋，因为当过和尚，所以建立明朝的官职，有些完全照寺院里僧职称呼和做法，如"都察"、"都监"，乃至封僧官为"总统"、"统领"等，都是禅门丛林制度设立的名称。

但话说回来，秦始皇改建当时中国的天下为三十六郡，郡置守，廷尉李斯的建议，也是很有力的道理。李斯认为，"五帝不相复，三代不相袭"，"周封子弟，子孙甚众，然后属疏远，相攻击如仇雠，天子弗能禁"。

秦始皇说："天下共苦战斗不休，以有侯王。赖宗庙（说是靠祖宗的保佑）天下初定，又复立国，是树兵也。而求其宁息，岂不难哉！"因此决定改制。

由此来看历史的经验，要求政治和社会习惯转变，是很不容易的事。可是，所有的暴君，却成为改变历史的革命者，只不过坐享改革成果的，并非他本身而已。

张良一席关键性的盘算

当秦始皇死后三四年,轮到楚(项羽)汉(刘邦)相争未决的时候,郦食其对刘邦建议,再来封建六国的后人,必定可以得到天下人的拥护。刘邦听了,认为很对,马上叫人快速刻铸大印,就要叫郦食其代表他去分封六国的后人为王了。刚好张良进来,刘邦正在吃饭,就顺便告诉张良这件事。张良就说:

> 臣请借前箸(借用你的筷子当算盘),为大王筹之(为你盘算)。汤武封桀纣之后者,度能制其死生之命也。今大王能制项籍之死命乎?武王入殷,发粟散财,休马放牛,示不复用。今大王能之乎?且天下游士,离亲戚,弃坟墓,从大王游者,徒欲望咫尺之地。今复立六国后,游士各归事其主,大王谁与取天下乎?且夫楚惟无强,六国复桡而从之,大王焉得而臣之乎?诚用客谋,大事去矣!

刘邦一听,立刻吐出嘴里的饭,大骂说:"竖儒,几败乃公事!"(令趣销印)这两句古文,如照现代话坦白地说:"他妈的,这个穷酸的书呆子,几乎把老子害惨了!听他的话去办,我的大事就完蛋了!"他命令赶快把那些封侯的印销毁了。

由于这件历史的故事,你就可以知道,当时的人们对于习惯已久的分封体制,是多么难以忘情啊!后来刘邦打垮项羽以后,建立汉朝的政治制度,以及官职名称和法律,大体上都是直接沿用秦朝的一套。再经过几代以后,才慢慢地有所改变。甚至到了现代,我们如果去查宗族的家谱,就会发现,注明最先的祖宗,来自颍川郡、南阳郡等地名,那就是照秦汉旧制行政区域的专称。由此可见宗法氏族社会，对统一国家、团结民族坚强作用的价值。但宗法氏族不是种族问题，这可不能混为一谈。"治国"犹如"齐家"一样，你想改变自己家族生活的旧习惯，也是很不容易的事，需要从本身的"修身"开始，以身作则，有耐性、有方法地慢慢转化才行，何况国家是许许多多家族的组合体呢！

三一、历代帝王修身齐家有几人

『修身』从自我批评做起

大舜孝感天地平天下

在我们的传统文化中,任何人读了《大学》的"诚意、正心、修身、齐家、治国、平天下"的名言,都会为之首肯,认为是有道理。即使现代美国式的民主社会,当他们要选举总统的时候,就会要求候选人的人品和家庭夫妇关系等没有污点或缺点。这便是东方西方,"人同此心,心同此理"的道德要求。你看人性是多么的奇怪,世界上每个人都会要求别人是好人,是圣人,但对自己的行为,就会有许多理由可以原谅自己,辩解自己。等于人人手里都有一把标准尺、有一天平,到处衡量别人是不是够得上圣贤的尺码和分量,但对于自己,就很少称量了!

"修身"从自我批评做起

就如我们现在讲《大学》,评历史,大胆放任批评古人,要求严格。说来惭愧,我们自己本身呢?那就很难说了。不过,你们也经常听过我的自我批评,我一生只有两句话:"一无所成,一无是处",如此而已。大家喜欢研究《红楼梦》,我虽不内行,但同意作者开头的几句话:"负父母养育之恩,违师友规训之德。"实际上,这两句话,就如我的自白一样。其实读懂了《红楼梦》,就会真知"修身齐家"的重要,也可了解人性的缺点和优点。

由"修身齐家"讲起,我们需要明白,它的重点就在自我的"修身"。身不修、家不齐而奢言治国、平天下，不是不可以，只是"偏中偏"，很少能够做到"偏中正"。为什么孔子特别推崇尧舜？他的重点，应该是在"修身"。别的不说，你只要看我们过去传统文化教育所注重宣扬的"二十四孝"，就可明白了。二十四孝里的人物，都是发生在有问题的家庭。所以老子说："六亲不和有孝慈，国家昏乱有忠臣。"如果家庭没有问题，个个不算太坏，就没有什么孝不孝的问题存在了。仁义的道理也是一样，假如人人自爱，尊重自己，同样地也尊重别人，爱护别人，那还要说什么仁义不仁义呢！

大舜孝感天地平天下

就以"二十四孝"来说，榜上挂头牌的第一人就是大舜。大舜出生在一个最有问题的家庭，父亲顽固而且粗暴，几乎是毫无爱心的人。母亲（有说是后母）更糟糕，她是一个泼辣而嚣张的女人。他有一个弟弟，不务正业，游手好闲，而且是很自私、占有欲甚强的个性。但是世界上的父母，大多数都有偏心。他的父母又特别偏爱小儿子，并不喜欢大舜。生在这样一个家庭中，所谓"动辄得咎"，没有一天的好日子可过。但是大舜丝毫没有怨恨，挑起一家生活的担子，尽量对父母孝顺，对兄弟友爱，结果，还是被父母赶出家门，只好自谋生活，去做陶器来卖。当然，这样的人，这样的家庭，自然会被别人当故事、当笑话来谈论。因此就被帝尧知道了。经过考察，决心培养他，就把自己两个女儿嫁给舜。慢慢叫他办事，一步一步地提升他。但他的弟弟看了眼红，又贪图两个嫂嫂的姿色和家世，就想办法要谋杀大舜，故意要父母叫他凿个水井，准备在他工作中活埋了他。总算大舜知道弟弟的用心，在打井工程中，横打一个出路，才没有被活埋。但他对弟弟仍然没有仇恨的心理，不只原谅，而且照样对他友爱如初。

古代的历史记载，文字简练，而且没有花边资料的描述，不过经过的大要都已有了。大舜从这样的家庭环境出生，还能"修身""而立"，做到"齐家"。后来帝尧把他放在政治中心去历练，叫他担任过各部不同的工作，最后授命他总理国政。实际上，后来帝尧在位的政绩，大多都是大舜的功劳。这样，经过了二三十年，帝尧老了，快到一百岁了，才让位于他。而在大舜担任国政的时候，他的母亲也老了，眼睛失明，看不见东西，或许是白内障之类的病。那时医药并不发达，大舜就亲自抱着母亲的头，自己用舌头来舔母亲的眼睛。据说，"孝感动天"，他母亲的眼睛居然被他舔好了。

不但如此，后来帝尧死了（但有的旧史说他并没有死，他修道去了），大舜做了三十多年的国家元首，也已一百多岁。他一边提升大禹总理国政，一边又自己出巡南方，过了湖南到广西，据说就驾崩在九嶷山那里（旧史又有记载，说他也学帝尧，入山修道去了）。因此两位帝后娥皇、女英便亲自到南方来寻找大舜的下落，结果都死在湖南，据说也成神了。后世所谓的女神"湘妃"，相传就是大舜的两位帝后（称娥皇为湘君，女英为湘妃）。

由于这个历史故事所记载的反映，处于有大问题的家庭父母、兄弟、妻子之间，不但没有反面坏的结果，反而存有正面的"修身、齐家"，乃至"治国、平天下"的好榜样。所以孔子极力尊崇尧舜，并非只为尧舜开创文化的德政而已。可是，在周秦以后，我们历史上历代帝王的家庭及其自身的榜样，又是如何呢？也许那几个最好的开国之君，还都是齐桓公坏习气一部分的化身。至于那些不好的和职业皇帝们，除了少数几个之外，更不足道矣！

三二、刘邦打天下而不能『齐家』

从刘邦的『龙颜』说起

『豁达』背后的身世和性格

『骄纵』的吕后实在不简单

史书给刘邦的短评

刘邦与吕后之间的钩心斗角

为刘汉后代的悲剧奏了序曲

自秦始皇以后，我们的历史，由分封诸侯的体制，改变为一个统一文化与文字，统一政治体制为郡县，所谓"书同文，车同轨"的东方大国。这个时候，正当公元前220年前后。讲到这里，使人联想起现代历史的故事。当推翻清朝以后，所谓民国初年到抗日圣战的阶段，阎锡山在山西修建的铁路，故意采用狭轨，不和全国铁路的轨道相衔接，仍然抱着"战国诸侯"和"三国演义"的思想。距离秦汉两千年后的中国，还随时出现战国时代"车不同轨"的作风。你看，这有多么的讽刺。

但我们现在不是研究历史，只是讨论中国文化大系中的儒家心法。因此，讲到"修身"与"齐家"的问题，引用到历史上历朝历代为天下主的第一家庭（族）。如果再做详细的叙述，那就变成讲历史小说了。但是，历史的人事问题，不正是《大学》内涵的反证吗？

我们的历史，从来以汉、唐开国为盛世，宋、明其次。元是蒙古族当家，清是满族当家，都要另当别论，实难要求过严。而且我在前面讲过，除了以历代开国之君为主题之外，其余的都算是"职业皇帝"，能够守成的已经不错，更不必用《大学》的尺度来讨论。不过，话也不能以偏概全。在"职业皇帝"当中，也还有几个可算是出类拔萃的人物，"虽不中，亦足观也矣"！

从刘邦的"龙颜"说起

以开国的帝王来讲,例如汉高祖刘邦,除了历史上赞许他是"隆准龙颜""豁达大度"八个字以外,应该说还有四个字,便是"知人善任"的长处。至于"隆准",是说他鼻子长得挺拔,鼻头特别大一点,犹如相书所说,"一鼻通天,伏犀贯顶"而已。这样的人多的是,我一生也见过几个乞丐和出家的和尚,都是"隆准",并不能因鼻子大,就可当皇帝。"龙颜"嘛,谁见过?就算古画上的"龙"吧,那副尊容,除了很有威武以外,也并不特别,平常人也有的是。用这"隆准龙颜"四个字来称赞刘邦,完全是古人写历史的大手笔、妙文。因为没有什么特别好说的,当了皇帝,总要说他有特别过人之处才对。等于后世的什么"龙凤之姿,天日之表"一样的句子,极其谄媚。

我年轻时,有一个会摸骨看相的朋友,我常对他说,你赚了别人的钱,又在骂人,坏透了。假使你敢说我是有特别的骨相,或是"龙行虎步""虎背熊腰",我非揍你不可。那是你明明在骂我是个禽兽,是个动物嘛!但是他说:"老兄,我是规规矩矩照书本上来的,那些历代的英雄帝王们,不都是很喜欢这些恭维吗?看来,你是一定做不成英雄了!"我们彼此哈哈大笑拉倒。至于说刘邦"豁达大度",这一点,比较起来,可以承认,拿他前比齐桓公,后比唐太宗,都有点相似之处。但也必须看看反面的文章。例如范增对项羽说:刘邦居山东时贪财好色。现在到了咸阳后,居然不贪取财货,又不掳掠美女,看来其志不小,你不对付他,将来你必败在这个人手里。后来,果不出其所料。

我想,《史记》与《汉书》,你们都很熟,尤其是司马迁写《史记》的高祖、项羽本纪,也是大家最喜欢读的大文章,因此，我不需多说。

"豁达"背后的身世和性格

汉代开国之君的刘邦，他出身的家庭本来是一个殷实务农的人家。只有刘邦，在这个家庭中，素来就"不甘淡泊"、游手好闲、好说大话。在他家族的眼中，是一个不管家人生产，使父亲兄弟们不大喜欢的人。不过，这样的人，在每个地方、每个乡村中，都随时会出现。刘邦算是有"智、力、勇、辩"的那一类型，环境往往不能范围他的。偏偏他运气好，吹牛说大话，吹到了一个外地来的大财主的女儿吕雉做妻子（这个大财主，历史上只称他吕公。但有说在《相经》上，记他名吕文，字叔平）。东方西方人类的文化，过去同样是重男轻女，所以记载她的资料重点放在她当皇后以后的事。其实，你仔细研究，从刘邦做亭长，送囚犯，放囚犯，躲在芒砀山沟里，直到与沛县的秘书萧何、曹参联络，取得县城，称"沛公"起兵，他的妻子吕雉都是知情参与其事的。所以后来做了皇后，设计杀韩信，是两夫妻的同谋。刘邦死后，故意请张良吃饭，是她设计促使张良早死。（关于这一点，有人对我说，于史无据。我说，你不了解道家的"辟谷"，当然不明白。张良当时已修到可以"辟谷"不吃饭，功夫到此，忽然强迫他吃肥腻的食物，不但功夫尽失，甚至不死也要大病一场。世界上的知识太多，当然有所不知。可是吕后有人教她，因此一饭之后即致张良于死命，并非历史上的奇事。）

当秦始皇实行"严刑峻法"以治国的时代，役使民工，不给酬劳，建造皇宫等工程，弄得民不聊生，到处逃亡避祸。在刘邦的家乡沛县，忽然从外地迁来一家财主吕公，等于是沛县一桩新鲜的大事。刘邦不过是一个区区的亭长，并非声名显赫的人。

他在吕公过生日做寿的时候，自己一个人空手走来祝贺，在吕家的宾客签名簿上大书送贺礼的礼金万金，然后就大模大样地自己坐在首席吃喝起来。因此有人报知主人，吕公会看相，他出来一看，大奇刘邦的相貌，而且敢大胆冒充阔佬，就和他结交，想把大女儿嫁给他。当然，吕老太婆是反对的，认为这种吹牛说大话的人靠不住，但因吕公的坚持，也无可奈何。当时的婚姻都是由父母做主，儿女本身没有自由发表意见的机会。

"骄纵"的吕后实在不简单

不过在这个历史的故事上，可以看出吕后是出身财主家庭的大小姐，不免有"骄纵"的习性，配了一个刘邦这样的丈夫，"豁达"对"骄纵"，倒也情投意合。但对她的身世，刘邦总不免会礼让她一点，不一定是怕老婆，只能说总有一点自卑感，这也是人之常情。况且吕后是个聪明人，结婚以后便一直参与外事。历史上说，当刘邦放了囚犯，逃亡在芒砀山泽之间，只有吕后知道他在哪里，常常送饭给他吃。暗地也有人问她，你怎么会知道他躲在哪里？她就说：刘邦人在的地方，就有云气罩着，只有我看得出来，所以知道他在哪里。这是"欺人"还是"自欺"，姑且不论，但可知道她是参与同谋的。如果照近年来社会上流行迷信气功的话，就会说那里有磁场，我会知道。

平常读历史或看小说，最奇怪的事，是在历史和小说的关节眼上，几乎很少提到金钱和经济的事。例如说《三国演义》吧，刘、关、张三人结拜，要起义，经费哪里来？其实，《三国志》已有说明，是中山大商张世平、苏双等，"赀累千金，贩马周旋于涿郡。见而异之，乃多与之金财"，刘备才有资本招兵买马。曹操起兵的经费来源，据《三国志》所载，是"散家财、合义兵，将以诛董卓"。但另如《世语》所载，"陈留孝廉卫兹，以家财资太祖（曹操），使起兵，众有五千人"。大概古代文人自命清高，不喜欢谈钱，一谈钱，就俗气了。其次，许多武侠小说，甚至爱情小说，也很少提到钱和经费来源。那些侠客都豪气干云，上酒店，吃饭馆，非常阔气，既不做工，又不经商，钱从哪里来？难道做了侠客，都有呼风唤雨，撒豆成"钱"的本事吗？至于爱情小说，更不用说了，爱情就胜过馒头和面包，还谈什么钱呢！

因为讲到刘邦和他妻子吕后的家世，可以大胆地假定，当刘邦在草泽中，收聚流亡起兵的初步资财，是靠吕后娘家的资助。所以打下天下，当了皇帝以后，不但在感情上是习惯性地敬畏老婆三分，在利害关系上，吕后始终是可以"颐指气使"，俨然是站在"老板娘"当家的惯例上做事。因此形成汉朝三四百年的天下，始终是受"女主"和"外戚"所左右的家族政风。从形而上哲学的观点上讲，大自天下国家的政治，小至家庭个人的处事，真正的善恶是非，是因时因地为准，很难下定论。因为时间和空间的转变，是非善恶也有所颠倒。但只有因果的定律是绝对肯定的，乃至唯物世界的一切科学法则，也不能违背因果律的原则。

尤其刘邦和吕后，在家庭夫妇关系上非常玄妙，历史上的记载也并没有为他隐饰。刘邦与项羽的战争，所谓大小几十战斗，刘邦都是打败仗；最后一战，项羽乌江自刎，都归功于韩信的战略成功。当刘邦在彭城打了败仗逃走，项羽就俘虏了刘邦的父亲"太公"和他的妻子吕后，作为人质。后来便是历史上最有名的故事，项羽与刘邦面对面在战线上谈判，项羽绑着刘邦的父亲太公说，再不投降，我就烹宰了你的父亲。刘邦装着很轻松地说，"吾翁即若翁"，"则幸分吾一杯羹"。我和你本来是好朋友，我的父亲就是你的父亲。你如果烹了他，请你分一碗肉汤给我喝！这种无赖的作风，项羽是很看不起的，结果还是放了太公和吕后。

有一个人，名叫审食其，从沛县开始就为刘邦、吕后做管家的总务，过去官称的职务叫"舍人"。当太公和吕后被项羽掳去做人质的时期，审食其也一直跟随吕后做人质的副件。历史上只用一个字，"幸"于吕后。事实上，他就是吕后的情夫。后来刘邦当了皇帝以后，还封审食其做"辟阳侯"。侯爵不是小官，张良有大功，也不过是"留侯"的侯爵。所以后人有诗说："汉王真大度，容得辟阳侯"。

一直到刘邦死后，吕后专政，审食其与陈平同做丞相。吕后想把刘家的天下变成吕家的天下，审食其可以说是参与其事的。最后，吕氏夺权的力量垮了，由刘邦另外一个儿子刘恒即位，就是汉文帝，也没有处置他，只把他罢免了相位。这个审食其，也可算是历史上的奇人奇事，岂不是俗话说的"有福之人不要忙"吗？

史书给刘邦的短评

世界上最使人乐意拼命追求的东西，便是钱财和权位，但使人最容易堕落到丧心病狂的，也便是钱财和权位。证之历史上古往今来，上至帝王将相，下而平民老百姓，本来在贫贱的时候还是一个平凡的好人，如果运气好，忽然发达了，就完全变了一个人。就以我个人的一生，见过也经过现代史上几次大风大浪，看到的接触到的人物各行各业也不少，对照历史的经验，可以说始终不因得意、失意而变更人品的，实在不多见。

如果以汉高祖刘邦来说，他本来就是一个没有文化基础的人，自起兵统将以来，直到做了皇帝，他那种"漫不在乎"的

"豁达"个性,变得并不太大。只是从经验汲取失败的教训,对人对事的见识增加,心机就更深沉了。

历史上,对他的一生,很坦然地说:

> 初,高祖不修文学,而性明达。好谋能听,自监门戍卒,见之如旧。初顺民心,作三章之约。天下既定,令萧何次律令(顺势大略修改秦法),韩信申军法,张苍定章程(定度、量、衡准则),叔孙通制礼仪。虽日不暇给,规模宏远矣。

但对于文化教化,自秦政以后,刘邦并无建树,还属于草昧初创的格局。

当刘邦建立汉朝做了皇帝,在位的六七年之间,吕后还能自制,并没有做出想夺取政权,过于跋扈嚣张的举动。只为儿子刘盈做太子的事求张良的指教,请了"商山四皓"来保驾,使刘邦放弃了另立一个宠妃戚姬的儿子如意做太子的意图。

刘邦与吕后之间的钩心斗角

等到刘邦一死,他的儿子刘盈继位为惠帝,吕后就设法毒死了如意,又把他的生母戚姬斩断手足,挖去眼睛,弄坏她的听觉,迫她吃药变成哑巴,再把她放在厕所里,叫作"人彘"。叫自己的皇帝儿子刘盈来看。刘盈是个好心人,看了大惊大哭,就病倒了,对他的母亲吕太后说:"这样不是人做的事。我虽然是你的儿子,恐怕不能担任皇帝治理天下了。"因此,就故意服食刺激性欲的兴奋剂,天天在宫中玩女人,不大理会国政。勉勉强强在位七年,只有二十几岁就死了。这时的吕太后,才五十几岁。在历史上,就由她开始了太后"临朝称制"的创举,也可以说,由她专制独裁了八年,大量起用娘家吕氏的兄弟子侄辈,掌握军政大权,预备把汉朝的天下,换刘家成吕家。

由于这个历史真实故事,你可了解到夫妇家庭在权势利害的关系上,就会变更心志,换了一个与平常正常人格不同的心思,从爱情变成仇雠,由仁慈变成凶残,甚至亲生父子之间、母子之间,也会变作仇人。当然不只是女性如此,男性也会有同样情况。这种情形,岂只在权势富贵中心的帝王家族,即使在三家村里有一两亩薄田的农家,也随时随地可见的。

所以在战国末期,几乎与孟子先后同时的大儒荀子(卿),就对"人性本善"的观点并不同意,认为"人性"天生是"恶"的,需要教化学养才能使它从善。因此,他对曾子、子思秉承孔门遗教,认定"人性本善"的说法,大加反对。所以由他教出来半途退学的学生李斯,受其影响很大,后来帮助秦始皇厉行"严刑峻法"的暴政,是从确信"人性本恶"的基本立场出发。历史政治的背后,始终是受一种哲学思想所排演的活剧。因此,宋儒苏东坡也认为李斯的罪过,是该由荀子来负责的。其实,关于人性的本来是善或是恶,乃至不善不恶、非善非恶的问题,几千年来东西文化始终还争论不休,我们这次不讲这个专题,姑且不论。

现在,我们再回过头来,只讲汉朝初建的刘家媳妇吕后。她从小个性骄纵,到了中年,丈夫刘邦打下天下做了皇帝,自己也跟着做了皇后,正如刘邦对他自己父亲说的:"当年你都说兄弟们成器,你看我不会生产弄钱,管家里的事,很不高兴。现在你看我比兄弟们,为刘家可赚得多吧!"说得他父亲太公很不好意思。这个从有钱的吕家嫁过来的大小姐,那种心情,比起刘邦更是志得意满、不可一世了。但她是聪明人,担心的是自己只有一个儿子刘盈，依照传统宗法社会的惯例，理当做太子，将来好继位做皇帝，管理这个刘家天下的大财富。偏偏刘邦又特别宠爱另一个妃子戚姬，还想把她所生的儿子如意立为太子。这对她的威胁太大了，真是又气又恨。总算想尽办法，最后请教张良，请来"商山四皓"保住了儿子做太子的职位。但由于这个刺激，造成她的恐惧、怨恨、妒忌等等错综复杂的心理变态。加上她正在女性更年期前后，由生理影响更促使心理变态。

所以刘邦一死，她就更加慌张，儿子又小，朝中和刘邦一起打天下的大臣还不少，不一定都靠得住，对她也不一定服气，自己势孤力单，怎么办？当时那个朝廷局面太紧张了，只有哭。幸得张良有个孙子名"辟强"的，虽然只有十五岁，但见解聪明，犹如他的祖父，就为丞相陈平出主意说："太后现在最怕的是你们这班老臣，那继位做皇帝的儿子又小，如果你们把她娘家的兄弟都封了重要职位，她心里就比较踏实，就好办了。"因此，吕氏娘家的兄弟们就一举把握了朝政。后来所形成的那种"政治心理病变"，也是够可怜的。

其实，她和刘邦一样，都是很有潜在机智的人，真是汉初一对半斤八两的活宝。当刘邦生病要死的时候，她找医生来，刘邦就对她大骂说："吾以布衣提三尺剑，取天下，此非天命乎？命乃在天，虽扁鹊何益？罢之。"刘邦为什么不肯接受吕后请来医生的治疗？他为什么又再三要改立太子？可以说，他深知吕后其志不小，太不简单。由此可见，他两夫妻在权势上的利害冲突早就存在，你看是多么复杂。

为刘汉后代的悲剧奏了序曲

所以他的后代子孙汉武帝刘彻，想立他所爱钩弋夫人的儿子弗陵做太子，就很忍心地赐钩弋夫人自杀。然后他问左右，外面的人们怎么评论这件事。左右对他说："人言且立其子，何去其母乎？"刘彻听了说："然！是非尔曹愚人之所知也。往古国家所以乱，由主少母壮也。女主独居骄蹇，淫乱自恣，莫能禁也。汝不闻吕后邪？故不得不先去之也。"这就是刘邦、吕后两夫妻钩心斗角的反弹，留给他的子孙汉武帝忍心杀爱人的历史经验谈。

　　再看吕后的聪明，比刘邦也差不到哪里去。她临朝称制，等于做了八年的女皇帝，临死以前告诫兄弟吕禄、吕产说："我崩，大臣恐为变，必据兵卫宫，慎勿送丧，为人所制。"可见她也早有先见之明。只可惜她的兄弟比她差太远了。但她两夫妻的故事，在西汉、东汉两朝的末代，变更剧本，始终反反复复在重演，非常可悲可叹。由此看来历史与人生，再三反思，便知"诚意、正心、修身、齐家、治国、平天下"的教育学养的原则，是有多么重要啊！既有先见之明，知道人心难测而必有变，难道就没有其他方法可以"齐家"、可以"治国"吗？

三三、慈惠爱人的汉文帝

得力于母亲的教诲
两封信化解了两场兵灾
贾谊堪问唯鬼神
汉武帝、元帝文化政策的流弊

到了汉高祖刘邦死后，吕后临朝称制，这中间前前后后二十年，除了汉室王朝宫廷在内斗以外，刘汉王朝初期的政治、社会、文化教育等方面，都没有什么特别的建树。总算天下不打仗了，全国人民可以喘一口气而已。汉朝真正奠定立国基础的，应该是从汉高祖的第四子刘恒开始，照旧历史的称呼，叫他汉文帝。这个阶段，正是公元前180年到公元前157年。

刘家汉朝的天下，经过吕后夺权一幕以后，当年追随刘邦打天下的老臣们大多已经亡故。只有丞相陈平、太尉周勃等少数几位恪守宗法社会传统的旧规，商议在刘邦亲生的儿子中，另选一个来继位。研究的结果，认为刘邦的中子代王刘恒最为合适。他就是后来历史上认为宽厚、仁慈、节俭的好皇帝。在汉朝的政治上，刘恒和他的儿子刘启汉景帝，被公认推崇为"文景之治"的仁政好榜样。其实，刘恒与他的父亲刘邦在一起过着宫廷生活的时间不长，而且也没有得到刘邦的好好教育，何以后来他能成为一个汉代开创守成的好皇帝呢？他除了命运以外，还有是得力于母教的影响，才有后来的成就。

得力于母亲的教诲

汉文帝刘恒的母亲姓薄，她原来本是南方的吴国人。在秦政的末期，天下大乱，魏豹自立为王。他听汉初一位看相的名女人许负说过，薄姬有贵相，将来贵不可言。因为许负善相的名气很大，她也相过吕后，所以魏豹就迫使薄姬的母亲把她送进魏王的内宫。后来魏豹战败被俘虏了，她也成为战利品的俘虏，归到汉王所属的纺织厂里做织布等工作。一个偶然的机会，刘邦看见了她，就很喜欢，把她提升到内宫来，作为自己的妃子，封她为薄姬，生个儿子就是刘恒。可以想象，她很会自处之道，所以没有像戚妃一样被吕后忌妒痛恨。刘邦当了皇帝，刘恒只有八岁，就被封为代王。现在河北省西北部和山西省北部一带，就属于当时"代"的管辖范围，算是北方苦寒的地带，而且是北方边防匈奴的前线要塞。

薄姬母因子贵，抓住机会，认为儿子太小，封王守边疆不放心，恳切请求刘邦要跟着儿子去代北。其实，她早已看透汉室的宫廷，矛盾太大太复杂，又怕吕后会谋害她的儿子，所以想远远避开。边防要塞虽然苦寒危险，但比起在宫廷中的危机，就平安得多了。她的聪明，正合于孔子所说"贤者避世，其次避地"的道理。事实上，她是有文化程度、有教养的一位贤母，她喜欢读《老子》，对老子的道家哲学有认识，懂得谦退为上策。因此，她达到了愿望，跟着儿子刘恒到北方，成为代王的太后。但却没有想到她的儿子后来居然做了皇帝，她也正式被尊封为皇太后。

事实上，汉文帝刘恒的一生，受母教影响很大，他以黄（帝）老（子）之道的学术思想治天下。正当天下人心厌乱思治的时候，全国上下需要休养生息。他力守老子所教的"三宝"法则："一曰慈、二曰俭、三曰不敢为天下先"，因此才赢得后来历史上有名的"文景之治"的美誉。而且也可以说，汉代刘家的天下到他手里，才是真正奠定汉朝根基的开始。刘邦提三尺剑，于马上取天下，不能在马上治之。他的儿子刘恒，却能以道德文治守天下，才能建立了一两百年的西汉王朝。所以在他死后，大家议定他的谥号，够得上称一个"文"字，因此被尊称为"汉文帝"。

两封信化解了两场兵灾

当汉朝大臣们决定迎接代王刘恒来京的时候，他还只有二十三四岁，不免心里有所顾虑。经过与部下的会议讨论，郎中令（秘书长）张武意存顾忌，认为"汉大臣习兵多诈，愿称疾毋往"。但中尉（主管军事的）宋昌提出四点理由，认为应该去。因此，他就带了宋昌、张武等六个高级部下直达长安。到了西安城外渭桥边，汉朝的大臣们都出来接驾，跪拜称臣。但刘恒的作风不同，他不但不以准皇帝自居，而且还不以王子的身份自重，亲自下车向大臣们答拜。这个时候，重臣周勃就起来对刘恒说，要求单独向他汇报几句话。宋昌马上就说："所言公，公言之。所言私，王者无私。"周勃被宋昌顶得没有办法了，只好跪着把玺符（皇帝的大印信）呈上。但刘恒接过印信，还说：我们大家到了城里官邸再商量吧！

当然，最后还是他继位做了皇帝。他登位时的第一道命令，就是"大赦天下"。第二道命令，"振穷、养老"，"令四方毋来献"（即通知各地不要向皇帝奉献任何宝物）。但在那个时候，长江以南还有一个在广东的南越王赵佗，他是河北真定人，和汉高祖刘邦都是同时起兵的人，因为不满汉朝的内政，自己要独立称帝，情况相当严峻。你看汉文帝怎么办：他一不动兵，二不震怒，只是以后辈身份写了一封信给赵佗，就使赵佗乖乖地收兵称臣了。（有关这封信，我在讲《老子他说》时已经发表说明，那时还引发当代一件大事,也真有趣,将来再说吧!)

后来对于长期侵略入寇北方的匈奴,他也是写了一封信给匈奴,得以暂时和平相处。至于"减轻刑法"而除"肉刑"等等,都是被后来历代所歌颂,引为政治的好榜样。

所以历史上对他的定评,大致都说:"慈惠爱人曰文",又说:

> 汉兴,扫除烦苛,与民休息。至于孝文,加之以恭俭,专务以德化民,是以海内富庶,兴于礼义。断狱数百,几至刑措。至于制度礼乐,则谦逊而未遑也。

这些评语,其中说到他的时代,他能做到使司法公正清明,几乎做到很少人犯重大的刑事案件。至于重兴文化的工作,他自己也认为还没有做到。因为他只有四十六岁就死了。但他的母亲皇太后还健在。他死了以后,人们更钦佩敬重他俭朴的道德,说他在帝位二十二三年间,"车骑服御,无所增益。有不便,辄弛以利民。尝欲作露台,召匠计之,值百金",他说:"百金,中人十家之产也。吾奉先帝宫室,常恐羞之,何以台为!"史书又记载他:

> 身衣弋(黑色)绨(厚茧丝袍)。所幸慎夫人,衣不曳地,帷帐无文绣,以示敦朴,为天下先。张武等受赂金钱,觉,更加赏赐,以愧其心。专务以德化民,是以海内安宁,后世鲜及之。

贾谊堪问唯鬼神

讲到这里,使我联想到小的时候读书,先生们教读古文贾谊

《过秦论》《治安策》。又读李商隐吊贾谊的名诗：

> 宣室求贤访逐臣　贾生才调更无论
> 可怜夜半虚前席　不问苍生问鬼神

对于贾谊，寄予无限的同情和惋惜。也认为汉文帝不用这个人才，真是失策。

后来自读历史，读《史记》《汉书》，加上人生各种经历，才发现并不如此。贾谊生在汉文帝时代，青年有才，也有远见。但在那个时候对汉文帝所提的意见，他实在不能接受，也无法采用。譬如一个平民，在万分艰难中发了大财，变成了一个大富翁、大企业家。但他刚死，家庭有大变故，这个家族事业也岌岌可危。但这个儿子在危急中刚刚接手当家，要在艰难紊乱中安定整理家族事业，只能求于安稳中振兴旧业。明知还有许多很严重的隐忧存在，但在这个阶段，是不能用大刀阔斧来变更它的，否则会牵一发而动全身，整个事业前途会受影响，甚至前功尽弃。这种情形，只有身在其位，担当重任的人自己心里有数。不是像贾谊一样，少年书生，充其量只在这个大家庭做小职员，冷眼旁观，看出毛病，就希望少老板要照他的意思办就行了。古往今来，一般的有才有学的青年知识分子，像贾谊一样多的是。唐代李商隐的处境，更不如贾谊，但自命不凡，所以写了这首名诗，他不是吊贾谊，而是在自怨自艾。

汉文帝呢，他看过贾谊的文章，也很欣赏他的才华，但也知道他的空谈理想是行不通的。因此，即使找他来谈谈哲学的形而上问题，问问他对于鬼神问题的看法，或许谈得起劲，直到半夜，但有关苍生社稷的事，汉文帝心头明亮，自认为比他清楚得多了，没有什么好说的。千古文人，大都如此。好在大家都不是文人，像我一样，更是一文不名的不文之人，就无所谓了。

汉武帝、元帝文化政策的流弊

当汉文帝执政的阶段，还没有刻意来做重兴文化的事业。直到他的孙子汉武帝时期，才开始做复兴文化的措施。而汉武帝受公孙弘、董仲舒的影响，"罢黜百家，一尊于儒"，便开始扼杀"诸子百家"开放思想的发展了。尤其到了汉元帝时代，完全确定以偏重儒家学术思想为主，才形成汉儒以注疏、训诂、考据为重的"汉学"。这个阶段，距离秦始皇焚书坑儒和项羽的火烧咸阳，已有七十多年了。可见革命性的破坏打倒旧传统是比较容易，但要重新建立文化，想做继往开来的大事业，就不是那样简单了。这也正合了传统文化的一句名言："上有好者，下必甚焉。"而贪财好色，好酒使气容易，好文就不比好财好色那么轻易了！汉元帝偏好儒家，并非罪恶，但心有所偏，正违反了《大学》所说的，其心已不得其正的过错。尤其不知《易经·系传》所说"道并行而不相悖"的传统儒家的精神文明。因此，可说使周秦以来中国传统文化的散失，以及西汉王朝的衰亡，也正是从汉元帝手里开始。

总之，我们为了讲到《大学》的"诚意、正心、修身、齐家、治国"的一节，就插进来引用历史上帝王家庭大多陷于"家不能齐"的事实，作为说明。因此，不知不觉耽误了很多时间，而且说了许多有关历史事迹的废话。如果再来讲历来一朝一代的历史，那就离题更远了。所以，先到这里煞住为妙。况且研究历史，不免容易引发感慨，尤其要把经（四书、五经）史合参，鉴古明今，就更加吃力不讨好了！到这里忽然想起清代诗人张问陶（船山）《读史》的一首诗，可以借用暂时作一结论：

一编青史太陈陈　上下千秋笑转轮
治乱凭天如有数　安危注意恐无人
只闻叔世多豪杰　不信深山有隐沦
叹息典谟三五册　万年难遇此君臣

有关张船山这首诗，只要把起首两句和最后两句合为七绝，也就足够说明古往今来的历史，都是古版今印，但有人事的不同，内容大体上都是轮回旋转，翻来覆去差不多。他说除了《尚书》上所保存的有关尧、舜、禹等三五篇上古流传的好榜样以外，如果后世要想再碰上那些圣帝贤相，恐怕是永远的梦想，难以成为事实了！（诗中所说的典谟，是指《尚书》的《尧典》《舜典》《大禹谟》《皋陶谟》《益稷谟》等篇。）

第五篇 内外兼修之道

三四、从自净其「意」做起

原本《大学》自释「诚意」的八正知
自欺、欺人、被人欺三步曲
「慎独」要慎什么样的「独」
「诚于中，形于外」的深远道理
学养须从日常行事中过来
总结历史人物经验在「自明」
君子为什么「无所不用其极」
「诚意」在外用上也须「知止」

第五篇　内外兼修之道

上面《大学》讲到这里为止，主要是先由"内明（圣）"的学养开始，兼带涉及"外用（王）"的"诚意、正心、修身、齐家、治国、平天下"的总原则，正如原文所记"此谓知本，此谓知之至也"。这是《大学》最基本的提纲，也是"致知格物，物格知至"最重要的环节。现在继续开始，便是分别讲解内外兼修的道理。

我们在先前已经提过人的生命作用，是由生理的"身"和精神的"心"两部分所组合形成。"心"的作用，便是和生命俱来的"知性"，也可以叫它是"理性"或"理智"。喜、怒、哀、乐等情绪的作用，是生理的关系。但"知性"的"理性"，最容易受情绪所蒙蔽盖覆，容易被它所左右起伏。人的学养修到自能"内明""知性"的德用，转化情绪，调和情绪，归到清明的本位，才得合于天性自然之道。因此，首先便要了解引发"心"的起心动念，乃至"动心忍性"的先锋，便是"意"的作用。

"意"也有叫它是"志"，或叫"意志"。例如孟子说："志者，气之帅也。"他用"志"字代表了"意"的作用。也有叫它是"意识"，这是隋唐以后，精密的"因明"（逻辑）佛学进入中国以后，对"意志""意念"等名词加以严谨地定名，一直应用到现在，由哲学名称变成普通用语。我们在前面也提到过佛学把"心物一元"的人生生命，统归于"心、意、识"三个内涵。

但在原本的《大学》，也早已把人的生命，列为"诚意、正心、修身"的"身、心、意"三重作用。这三重作用，我们也在前面已经大略讲过，而且还把这三者跟"齐家、治国、平天下"的关系，引证秦始皇、汉高祖、汉文帝等帝王加以说明。现在，我们再就"意"的作用，进一步来做较深入的研究。

原本《大学》自释"诚意"的八正知

现在先读原本《大学》有关"意"的内外兼修，而做到"诚其意"的八重"正知"：

所谓诚其意者，毋自欺也。如恶恶臭，如好好色，此之谓自谦。故君子必慎其独也。　　（诚意）（一）

小人闲居为不善，无所不至。见君子而后厌然，掩其不善，而著其善。人之视己，如见其肺肝然，则何益矣。此谓诚于中，形于外。故君子必慎其独也。　　（诚意）（二）

曾子曰："十目所视，十手所指，其严乎！"富润屋，德润身，心广体胖，故君子必诚其意。　　（诚意）（三）

（上面首要三节，朱熹自作主张，反而把它拿到后面，编为他自己章注《大学》的第六章。）

《诗》云："瞻彼淇澳，菉竹猗猗。有斐君子，如切如磋，如琢如磨。瑟兮僴兮！赫兮喧兮！有斐君子，终不可喧兮。"如切如磋者，道学也。如琢如磨者，自修也。瑟兮僴兮者，恂慄也。赫兮喧兮者，威仪也。有斐君子，终不可喧兮者，道盛德至善，民之不能忘也。　　（诚意）（四）

（朱熹把这一节，与后面的第八节中"邦畿千里，惟民所止"一小节，抽出编为他自己章注《大学》的第三章。）

《诗》云："于戏！前王不忘。"君子贤其贤而亲其亲，小人乐其乐而利其利，此以没世不忘也。　（诚意）（五）

（朱熹也把这一节抽出，编为他自己章注《大学》的第三章里。）

《康诰》曰："克明德。"大甲曰："顾諟天之明命。"《帝典》曰："克明峻德。"皆自明也。　（诚意）（六）

（朱熹把这一节抽出，编为他自己章注《大学》的首章，拿来作为"明明德"的佐证。）

汤之《盘铭》曰："苟日新，日日新，又日新。"《康诰》曰："作新民。"《诗》云："周虽旧邦，其命惟新。"是故君子无所不用其极。　（诚意）（七）

（朱熹把这一节抽出，编为自己章注的第二章，作为篡改"亲民"作"新民"的佐证。）

《诗》云："邦畿千里，惟民所止。"《诗》云："缗蛮黄鸟，止于丘隅。"子曰："于止，知其所止，可以人而不如鸟乎？"诗云："穆穆文王，于缉熙敬止。"为人君，止于仁。为人臣，止于敬。为人子，止于孝。为人父，止于慈。与国人交，止于信。子曰："听讼，吾犹人也。必也使无讼

乎！"无情者，不得尽其辞。大畏民志，此谓知本。　（诚意）（八）

（朱熹把这节分割抽出，编为他自己章注《大学》的第三章及第四章。而且更有趣的，把原本《大学》前面"此谓知之至也"一句倒抽回来，放在"此谓知本"这句之后，一共两句，作第五章。自说这是"阙文"，认为在这两句前面另有文章，不过被古人遗失了。）

由此看来，古今中外的大学问家，我慢我见，是如此的固执己见。比之玩弄权术的人，同样是扭曲别人的"慧命"，未免罪过。但反而因此能享千古盛名，岂非命运乎！

其实，原本《大学》本来就有它自己的次序，也可以说本来就有它自己的逻辑系统。例如现在看他个别列出"诚意"这个主题来讲，无论是他自说"诚意"的内涵，或是引用经典来做说明，都是很有条理来阐明"诚意"内外兼修的作用。不需要朱熹来改正重编，好像曾子写作不懂章法，排列颠倒，必须要等千年以后出个"朱大圣人"来修改一番，才使儒家孔门的学问重新增光。这真是中国文化一件怪事，百思不得其解。究竟如何？且听我们慢慢分解。

自欺、欺人、被人欺三步曲

原本《大学》原文讲到这里，再说什么叫作"诚意"，"所谓诚其意者，毋自欺也。如恶恶臭，如好好色，此之谓自谦。故君子必慎其独也"。我们现在为了深入了解，先来分别解释这节当中自欺、好恶、自谦、慎独四个名词的内涵如下。

一、我读古人笔记，看到明代有一个人，对于买卖古董的看法，说了特别高明的三句话，他说："任何一个人，一生只做了三件事，便自去了。自欺、欺人、被人欺，如此而已。"我当时看了，拍案叫绝。岂只是买卖古董，即使是古今中外的英雄豪杰，谁又不是如此。人不自欺，几乎是活得没有人味。我们从生到死，今天、明天、大后天，随时随地，总觉得前途无量、后途无穷才有希望，才有意思。其实，那些无量、无穷的希望，都只是"意识"思想形态上的自我意境而已，可以自我陶醉，不可以自我满足（讲到这里特别声明，不要误会了人生，就心灰意懒。你明白了大学之道，才知道做人的意义）。声明在先，你再来看看南宋才人辛稼轩的词说：

> 醉里挑灯看剑　梦回吹角连营
> 八百里分麾下炙　五十弦翻塞外声
> 沙场秋点兵
> 马作的卢飞快　弓如霹雳弦惊
> 了却君王天下事　赢得生前死后名
> 可怜白发生

这首词，我在少年某一阶段，正是前途如锦的时候，最喜欢读它。也许和他深有同感，便早自抽身不做"自欺"的事了。人因为有"自欺"，才会"欺人"，最后当然要"被人欺"。换言之，人要自爱，才能爱人，最后自然可被人爱。也可以说，人要自尊，才能尊人，这样才能使人尊你。

那么，曾子所说的"诚意，毋自欺也"，究竟是什么意思呢？你必须要先注意一个"毋"字，这个字，在古代是和"弗""勿""莫"通用的，等于现代语的"不可""不要"。"毋自欺"，就是不要自己骗自己。

"意识",是"心"起分别理想作用的先锋。它旋转跳跃变化得非常快速,而且最容易作自我欣赏、自我陶醉、自我肯定或否定。它就在我们脑子里盘据活动,发挥思想、理想、幻想等等成千成万的作用。但它本身是把握不住,想过了用过了便溜了。它把好坏交给我们的"知性"去判断。它把种种影像收集归纳以后,又交给了"心"来安排收藏。要使"意识"净化,除非你真要做到"内明"反省的学问,随时留意它的活动,使它能"知止而定,定而后安,安而后静,静而后虑",才能得到真正的"诚意"境界。这里的"诚"字,是包括专一、安定、无私、明净的意义。所以子思著《中庸》,便说:"自诚明,谓之性。自明诚,谓之教。诚则明矣,明则诚矣","诚者,自成也"。同样是发挥"诚意"的内涵。这是"内明"之学的精髓所在。

　　同样的,我们平常生活中对人处事,也是这个"意识"的作用最为重要。但你如果对"内明"学养不到家,那被"意识"所"自欺",或"欺人"、"受人欺"是势所必然,事所难免。因此,孔子特别指出外用方面就要做到"毋意、毋必、毋固、毋我"才好。换言之,在外用方面,孔子是教我们对人对事的原则,不可随便任意妄为,不可认为必然如此,不可固执己见,不可认为非我不可,这都属于"意识"不自欺的警觉。因此,曾子开头便说:"诚其意者,毋自欺也。"譬如说,人人都会埋怨被别人骗了,其实,人不自骗,谁又能够骗了你呢?相传禅宗的初祖达摩大师初到中原,将要入山面壁的时候,有人问他:大师啊!你来中国的目的是做什么?达摩大师便对他说:我要找一个不受人欺的人。达摩大师才是真大师,人能先不自欺,才能不受人欺。(小心,也许我正在自欺,而且又欺了大家。)

　　二、接着"毋自欺"之后,他便用两句譬喻的话说:"如恶恶臭,如好好色。"好像人们对于一切事、一切东西的爱好和厌恶一样，当你真讨厌它的时候，就会立刻厌恶它，再也不会去迷恋它。当你真喜爱它的时候，你必然会马上去爱好它，再也不会舍弃它。同样的道理，当你明白了"意识"的颠倒反复，自己扰乱自心时，你就要"不自欺"，立刻舍弃"意识"的乱流，归到平静清明的境界，正如前面七证次第所讲的"知止而后有定"才对。

三、真能做到使意识意念返还到明诚明净的境界，那才叫作真正的"自谦"，这完全是靠自己的反观省察才能达到的境界。谦，并不是消极的退缩，它是崇高的平实。谦在《易经》是一个卦名，叫做"地山谦䷌"。它的画像，是高山峻岭伏藏在地的下面，也可以说，在万仞高山的绝顶之处，呈现一片平原，满目晴空，白云万里，反而觉得平淡无奇，毫无险峻的感觉。八八六十四卦，没有一卦是大吉大利的，都是半凶半吉，或者全凶，或是小吉。只有谦卦，才是平平吉吉。古人有一副对联：

<blockquote>
海到无边天作岸
山登绝顶我为峰
</blockquote>

看来是多么的气派，多么的狂妄。但你仔细一想，实际上它又是多么的平实，多么的轻盈。它是描述由极其绚烂、繁华、崇高、伟大，而终归于平淡的写照。如果人们的学养能够到达如古人经验所得的结论："学问深时意气平"，这便是诚意、自谦的境界了。

"慎独"要慎什么样的"独"

四、最难了解明白的，便是"意"的"慎其独也"的"慎独"。当然,历来的注解,大多都把"慎独"说是一个人如在单独自处的时候,最需要小心谨慎,不可让自己放任散漫,或瞒着别人,做不善的事情。在十九世纪的末期,也有人为了配合政治民主的思想,说"慎其独也"的意思,是指不要在政治上搞独裁。不管如何说法,曾子在"诚意"这一节里,两次提出"慎独"的重要。我们在前面也曾经提出《内经》对于"识神"的作用,便有"独悟"、"独见"、"独明"三独的境界。为了希望大家特别重视,不妨不避重复,再读一次原文。歧伯对黄帝说:

请言神。神乎神,耳不闻,目明心开而志先,慧然独悟,口弗能言。俱视独见,适若昏。昭然独明,若风吹云,故曰神。

我们须要知道,《内经》这一段对"识神"的三个景象的说明,比起精密逻辑的佛学"法相唯识"传入中国的时期,还早了一千年以上。就算把它拉下来算是汉代的著述吧,也早了七八百年。为什么中国和印度的先哲们,都不谋而合,说得这样相似呢?

《内经》所说"识神"的"独悟"景象,是指意识粗浮的活动静止以后,便会引发自性的智慧的功能,达到如有所悟的特别境界,"耳不闻,目明心开",话也不想多说了。

从唐代以后,有些禅宗参禅的人用心久了,也有达到相似的"言语道断,心行处灭"的境界,也有自认修行到此,已算开悟得道了。但以真正的禅宗来说,便会明白这是"识神"的作用,所谓:

学道之人不识真　只为从来认识神

无量劫来生死本　痴人唤作本来人

从法相唯识学来讲，这也是"别境慧"的一种现象，也是意识的现象。虽是学养进修有得的好境界，但不是"明德"达道的究竟。

其次，"识神"所发生的"独见"景象，它是在自我的意识中，好像什么都看得见，但是头脑身体是停在昏昧的情况中，正是冥想的作用。

再次，"识神"所发生的"独明"景象，几乎等于灵魂出窍（精神状态），或同佛学所说的"中阴"现状，没有身体的感觉，便有如风吹云，飘飘欲仙的自我错觉。

但综合起来说，学问修养使意识达到知止而定、而静、而安的情况，所出现的独悟、独见、独明任何一种境界，并非是不好的现象，只是不可执著为真实。知道它是过程，是行程中的外景，并非究竟。所以必须审慎精思。这样才是"慎独"的"内明"道理。

如果用"法相唯识学"来作对比发明，《大学》所谓的诚意、慎独，正如唯识学所讲，第六意识有独头、独影作用的一面。甚至有些学佛修道的人，不从学理上穷究入手，往往会把"独头意识"的作用当作直观、直觉，而认为自己已经悟道了，或者把"独影意识"所发生的境界，当作神通或特异功能了。所以我常说，小心！神通与神经，不隔一层薄纸，它是孪生的双胞胎，必须要仔细弄清楚。但人苦不自知，其奈他何！

至于中国禅宗百丈禅师所说的"灵光独耀，迥脱根尘"，那是形而上的第一义道的境界。也可以比作《大学》在本节所说："道盛德至善"，"此以没世不忘也"。既然已经借用了禅佛来做"他山之石可以攻玉"，那就引用到底，比较说得更明白一点。

究竟什么是"慎其独也","慎独"的意义呢?曰:

诸恶莫作　众善奉行
自净其意　是诸佛教

这就很清楚了。但在日常意识清明的时候,可以做到纯善的情况,也算很不错了。而最要紧的,当在睡梦中"独头意识"发起"独影境"的变相时,仍然犹如日常意识清明的纯净,不被梦影所扰,甚至还转化梦境而能自主,这才够得上"诚意""慎独"而"毋自欺"的现实境界了。(诚意)(一)

"诚于中,形于外"的深远道理

接着,就说"诚意""慎独"的学养见之于"人道"修养的实际状况。他说:"小人闲居为不善,无所不至。"这里所说的小人,并非小孩子,但也和小孩的意义相关,比如没有受过良好教养的大人,也是同小孩子一样的小人。小人们在没有事做的时候,是非常烦躁、不耐烦的,因此不分好坏,什么事都会做得出来。"见君子而后厌然",当小人在乱来的时候,忽然看到大人君子来了,也会不好意思,觉得自己做错了,因此拼命说谎,或想办法掩盖自己的过错,"掩其不善",表现自己还是很对很好的,"而著其善"。其实,那是自欺、欺人,没有用的。天下人聪明都相等,谁也骗不了谁。"人之视己,如见其肺肝然",别人看你,你看别人,都是很明显的,尤其不能装假,明眼人一看,便会把你的心肝肺脏都看透了似的。"则何益矣",作假有什么利益呢!为什么做坏事会被别人看得出来呢?因为人的"意识"在头脑中活动,就会促使神经细胞的变化,表现在面貌、气色、神情之间，逃不掉自己内心影响外形的规律。所以只有"诚意"的真诚，最为重要。"此谓诚于中，形于外。故君子必慎其独也。"你只要把"意识"纯正净化好了，自然就会变成真诚的人，可以"特立独行"地做一个正常的平常人了。当然，不需要变成一个"道貌岸然"的样子，那是难看的一副如木偶的模样。（诚意）（二）

讲到"诚意"修养的作用，他举出"诚于中，形于外"的必然律，便接着深入说明"诚中、形外"的严重性，因此才有曾子曰："十目所视，十手所指，其严乎！"类似宗教家的严词，其实恰是科学观的真理。

距今六七十年前，我们读到《大学》这几句话，忽然自觉好笑，便出题要同学们猜，"十目所视"，有几只眼睛在看？"十手所指"，有几个指头在指？答案：五双眼睛，十个指头。这是说笑而已。后来看到佛教寺院里有千手千眼观世音菩萨的塑像，觉得比曾子所说"十目所视，十手所指"更为严重。但当然也会认为那是宗教迷信的图腾。再后来了解到自然科学，对于物理学、光学等有些皮毛知识，才相信人们起心动念的思想作用，甚至善恶念头等等，它在自然界里，也犹如投一颗石子在水里，会发生波动性的动力作用，由一个小小的涟漪开始，逐渐扩散，遍于虚空。而且还可以用光学原理把它录影下来。才知道"十目所视，十手所指"，乃至"千手千眼"的真理所在，并非是托空妄语。如果真的学通了科学（我说的是真通，并非指专家的学位），他自然会了解到哲学和宗教学的严重性，就不敢妄加别人迷信的大帽子了。因为自己不懂，就说别人迷信，这才是真迷信，也就是不"诚意"了。

但曾子所说的"十目所视，十手所指，其严乎"，他不一定是宗教性或科学性的说法。孔门儒家学说，素来是主张"天道远,人道迩",必须先从"人道"做起,立下根基,才可再及于形而上的天人境界。他的重点,是指任何一个人活在"人世间",你的所作所为,始终脱离不了现实环境,自然而然,就有许多人都在注意你的作为。至少如父母、妻子、朋友,乃至社会上其他人等,都是互相影响,互相关注的。至于从政,或是在各行各业有所成就、有了名声地位的人,便更加严重了。例如说,在南宋末期,当贾似道做了宰相的时候,便有人送给他两句诗说:"劝君高举擎天手,多少旁人冷眼看。"这也就是十目十手所视所指的道理了。但是,这还是对外来说。

至于对个人本身来说,由"诚意"到"诚中、形外"的功效,他便说到"富润屋"。譬如一个人富有了,便会先把自己的住屋改造装修一番,变得更华丽、更气派。"德润身",同样的道理,当一个人真正向自修"内明"之学的"诚意"上做学问,这自然就是道德的行为,由心理影响生理,自己的身体也跟着变化好转。日积月累,慢慢地心境宽广开朗了,身体也就发福了(古人所说的"胖",不是现在人跟着洋人说的"肥",就想拼命减肥)。例如社会上有些得了重病的人(如癌症等),医药无效,便去虔诚信仰宗教,求神拜佛保佑,结果也真有得救好了的,因此就感恩图报,极力弘扬他的信仰,到了疯狂相似,说神或佛的灵验。其实,是"诚意"虔诚的效果,是唯心功能的发挥,正如《大学》这里所说"心广体胖"的道理。因此,就再叮咛一句:"故君子必诚其意。"(诚意)(三)

学养须从日常行事中过来

接着说明"诚意"开始,修养达到"诚于中,形于外"的效果,也不是知道了就能做到的。即使是天生圣人,也必须悟后起修,才能日臻完美。学问修养都不可以躐等,必须要在日常行事中实践过来,才能渐臻堂奥。因此,从这里开始,他就引用了历史上几个大人物,王侯和帝王,由"诚意"改过自新,重新做好人,建功立业修德的故事。采取其中相关的名言,作为"诚意"自新榜样的说明。首先便引用《诗经》中《卫风·淇澳》篇的几句话来作说明(这篇诗是卫人思念赞美卫武公已九十五岁高龄,还能思过修学,勤于国事的美德。)但在这里,曾子隐晦了历史上的故事,只是说诗,他是采用这篇诗中有关描述学问修养渐进的说明,因为古人都知道这些历史上的故事。现在略为解说原诗如下:

  瞻彼淇澳,菉竹猗猗(你看哪!淇水转弯那一块坳里的竹林,有多么美妙的丰姿啊)。有斐(一个文质彬彬)君子,如切如磋,如琢如磨(他到老了,还那么用功)。瑟兮(多么严肃啊)僴兮(多么勇敢啊)!赫兮(真是光明磊落啊)喧兮(胸襟真很爽朗啊)!有斐君子(现在这个文质彬彬的人啊),终不可喧兮(让人难忘,真的是没有什么好说的啦)!

  原诗大意如此。但曾子用它做了深入的譬喻。他说:"如切如磋者,道学也。"是指卫武公为求道学的努力,像雕刻一块美玉一样,先要切好粗坯,再雕琢成形。再加仔细自修,这里还要琢一下,那边还要磨光一点。"如琢如磨者,自修也。""瑟兮僴兮者,恂慄也。"既要精工细作,所以随时害怕自己半途而废,会功败垂成。要有这样小心用功的精神,总算修整完工,摆在那里一看,真是好威风、好庄严的一块瑰宝!因此,才赢得了"赫兮喧兮者,威仪也"的赞美了!至于说"有斐君子,终不可谊兮者，道盛德至善，民之不能忘也"，那是说卫武公"诚意"改过自新，才做到文成功就的君子，学问道业不但成功了，德行也达到至善的程度了，实在没有什么好挑剔的，所以使人们永远忘不了他。

这是说明学问之道，由改过自新"自诚其意"，内外兼修的不易。卫武公少年的时候，杀兄自立。后来改过自修，有文有守，能从谏如流，以礼自防。为宗周出力，打败戎狄，因功封"公"，又入周朝为相，进德修业，为诸侯所重。年至九十五，德寿可风。但宋儒（程朱）他们，却把他放在圣贤的规格上，却不是曾子本意了。（诚意）（四）

总结历史人物经验在"自明"

接着就解释，"外用（王）"的影响，何以会使人永远忘不了他"道盛德至善"的作为呢？曾子便引用《诗经·周颂·烈文》一篇的第一句话"于戏！前王不忘"来作说明。

其实，这篇诗是记载周公辅成王先出了问题，后来经过周公的教导，成王自己"诚意"改过自新，再出来执政的时候，各国诸侯陪着他祭拜文王、武王的颂辞。第一句，就很有警告性地说：唉！先王啊！我们忘不了你的道德教化啊！同时也是警告成王，再也不要忘记了先王的道德学养的榜样啊！

但是，曾子采用了这一句诗，他的用意，是说明像文王、武王一样，由"诚意"的学养成就，出来从政，为什么会使人永远忘不了他呢？那是因为"君子贤其贤而亲其亲，小人乐其乐而利其利，此以没世不忘也"。这是说，像文王、武王那样，一般君子们因为尊敬他难能可贵的贤德，所以对他更加亲切而且怀念他。即使如一般小人们，为什么也是那么尊敬怀念他呢？因为他们感激文王、武王的德政，同时也使他们得到应该得到的利益，使他们也很满足快乐。因此，虽然文王、武王已经不在这个世间了，但是，无论君子与小人，好人和坏人，普遍的人群还是永远忘不了他的道德仁政啊！成王能改过自新，也就是真正的"诚意"、"毋自欺"了！但还需要更进一步的效法先王才对啊！

但这"诚意"、"毋自欺"的学养，究竟是怎样修学才能达到呢？他又引用了《尚书》中三篇，有关历史累积经验的三句话来作说明：

一是《周书·康诰》记载成王伐诛管叔、蔡叔以后，再封康叔于殷，来管治殷的遗民。而在训诫康叔的诰文上，提出"克明德"，你要记住效法祖父文王一样，努力做到"明德"的境界。《康诰》原文，还有"王应保殷民，亦惟助王宅天命，作新民"等要点，不录了。

二是《商书·大甲》记载伊尹下放大甲于桐，三年以后，大甲"诚意"反省存诚，改过自新，学养有了成就。伊尹又把他接回来复位，作了三篇告诫书敬告他，首先就提到："先王顾諟天之明命"。《大学》引用原文，删减了"先王"两个字，因为重点在"顾諟天之明命"一句，"顾諟"是伊尹告诫大甲，你要追念你父亲"先王"的成功，他是随时随地在照顾起心动念的善恶，明白了天性自然道德生命的作用。（原文还有因此得到天地上下神祇等等的庇佑，才能平定天下，有宗教性警告的话，就不引述了。）

三是《虞书·尧典》记载帝尧"克明峻德"，说明唐尧的基本学养功夫，就是能自我"内明"，完成"内圣外王"的最高道德。

最后，曾子作了一句总结：这些古代历史上记载的经验重点，都是说明"皆自明也"。当然是从自我"诚意"下手，才能达到"内明"境界。但朱熹却把这三句带有"明德"的话，认为曾子用意应该是注解"明德"的道理，反用在这里，并不合适。自作主张改编了它，未免太过乎！他却忘了"六经皆史也"的道理，更忘了这是指历史上大人们有关"诚意"改过自新"毋自欺"的要点。（诚意）（六）

曾子在这里，不但引证历史上大人物，如卫武公、周成王、商大甲的故事，隐恶扬善，再不提起他们的往事，只说他们"诚意"改过自新，不自欺的高尚成就，而且更进一步引证上古史上革命的帝王们，如商汤、周武王，功成名就之后，衷心"诚意"，不自欺地坦白反省，足为后世效法的榜样。如，"汤之《盘铭》曰：'苟日新，日日新，又日新。'《康诰》曰：'作新民'。《诗》云：'周虽旧邦，其命维新。'是故君子无所不用其极。"

在古史上汤、武革命的故事，应该不需多说了。商汤为了夏桀的残暴不道，才不得已起兵革命，最后下放了桀，就自己建立新政，代号称"商"。但他内心"诚意"不自欺，随时告诫自己，从此要内外兼修，做到日新又新的境界。"内明"的"日新"，是要天天反省，无欲无私，达到道成德就。"外用"的"日新"，要对国家人民，使其安居乐业，胜过前朝前代。等于现代人最喜欢通行的话，要天天前进，日日进步才对。当然不是要天天穿新衣服，随时换新房子等等的意思。因此，商汤把这句话铸刻在盘子上面，以便每饭不忘，好提醒自己。古代所说的"盘"，是盛水的器具，它的造型特点是圆形、浅腹、圆足、有耳，是供王公贵族饭前饭后洗手之用。文献记载，西周以后，"盘"也作为沃盥仪式中盛水之用。但朱熹注说"盘"是沐浴用的"盘"，表示在洗澡的时候，提醒自己也要洗心；道理没错，却非"盘"的正确注解。

同样的道理，引用《诗经·大雅》中周人推许周武王的革命成功以后，赞颂文王的功德，其中提到"周虽旧邦，其命维新"。周原来是殷商末代的诸侯小国，但因殷纣太坏了，不得不起来率领诸侯革命，结果建立了周朝，可是革命是维新的，不会像前朝的纣一样，犯大错误而误国误民。其中插进一句"《康诰》曰：'作新民'"，都是说要重新做人做事，决不像过去一样。但朱熹不管原来的用意是为了引用说明古代的圣君贤相们"诚意"不自欺的反思，他只看到有"新"字，便正好拿来注解自己认定师说的"亲民"应改作"新民"的佐证。如果让我们抛一句古文来说，"毋乃大谬乎"！

君子为什么"无所不用其极"

那么，曾子引用这三句话的结论说："是故君子无所不用其极"，是什么意思呢？如果要翻成白话来说，就是说："所以是真君子，没有哪一样不极力随时反省，改过自新的。"换言之，曾子用这一句是说：是真君子的"诚意"不自欺，他们都会坦然忏悔，"从前种种，譬如昨日死。从后种种，譬如今日生"。但他用词很含蓄，只说"无所不用其极"。换言之，"无所不用其极"，便是彻底的"洗心革面"，是真的"自净其意"，并没有掩饰之处。因此，才有后文提出总结"诚意"与"知止"的相关作用。（诚意）（七）

结语，为什么首先要引用《诗经·商颂·玄鸟篇》中的"邦畿千里，惟民所止"？这就是用来表示"外用（王）"之学，为民服务而不自欺，必须要使人民能够安居乐业，才是"无所不用其极"的真"诚意"。接着，又引用《诗经·小雅·缗蛮篇》中的"缗蛮黄鸟，止于丘隅"的画面，就此来引用孔子的话"于止,知其所止,可以人而不如鸟乎"作注释,因为《缗蛮》诗篇中这两句话,是指在周幽王的时代,"幽王无德,政治无道,礼废恩薄,大不念小,尊不恤贱",所以知识分子的士子们作诗讽刺,以小黄鸟来比喻一般平民的怨叹!觉得活在乱世之中,人还不如小鸟的自在。你看那个小小黄鹂,还可以自由自在站在小山丘上,休息歌唱,但我们却永远工作辛劳生活无着!因此,曾子就引用夫子的话说:做人处事,尤其是为政,随时都要自己反省,该知道止的时候,就要赶快停止下来,好让人民休养生息。不然就会使人感觉人的生命与生活,还不如一个小鸟呢!那怎么可以啊!这正如古人生在乱世时候的两句话"宁做太平鸡犬,不作乱世人民"是一样的道理。你们年轻不知道,可以去找距离现在四五十年前的老人谈谈,就可知道其中的艰危辛苦了!

然后,又再引用《诗经·大雅·文王篇》中的句子,描述周文王的伟大道德,他自己忍受纣王的无道加害,遵守礼法,委曲求全,修德俟命,但使人民得到熙熙攘攘的安乐生活。如"穆穆文王,于缉熙敬止",那才是文王"诚意""立德"的榜样。因此,就再加以说明,"诚意"与"知止"的指标:"为人君,止于仁。"作为领导人的人君,或是公私事业的主持人——老板们,自己的"诚意",是"知止"在仁爱一切人的目标上。"为人臣,止于敬。"作为国家政府的干部,或是公私事业的职员,自己的"诚意"是"知止"在敬守职务的公德上。"为人子,止于孝。"为人子女的"诚意",是"知止"在孝顺父母。"为人父,止于慈。"为人父母的"诚意",是"知止"在仁慈教养子女。"与国人交,止于信。"说到这句,真是感慨良深。我已是垂暮之年的人,白活了七八十岁。但我可以说,亲身经历和阅世看人七八十年了,使我最悲叹的事,在这几十年来社会文明的变化中，文化教育失败，造成人和人之间的"无信"，非常严重，几乎到了人人既不信己，又不信人，一代不如一代。近年以来，已经到了"与国人交，止于防"，甚至可说，"与国人交，止于欺"的地步。这几十年，是什么文化思想，是什么文明教育的结果啊！实在值得忏悔反思啊！因此感慨，常想到元遗山的诗：

百年世事兼身事
杯酒何人与细论

讲到这里，对于《大学》"诚意"的自释，大概已近尾声。但最有趣的，曾子却在这里引用夫子的话："听讼，吾犹人也。必也使无讼乎！"并说："无情者，不得尽其辞，大畏民志，此谓知本。"讼，是争讼、诉讼，照现代语说，是打官司。这与"诚意"有什么关系呢？尤其孔子说，我听别人打官司，原告、被告、证人、律师，都是各有各的理由。当某一边说得很有道理时，反过来听那一边，说得也很有道理。最重要的是自己要保持客观，并使大家没有纷争，都能心平气和，合理地得到解决。天下的歪理千条，正理只有一条。当是非纷纭，莫衷一是的时候，只能用快刀斩乱麻的办法。所谓"当断不断，反受其乱"，阻止那个不合情理的一边，再也不要争辩下去。总之，就超越时空的"形而上"来说，是没有绝对的是非善恶的。但在现实的人世间，你只能依照全体人们共同认定的是非善恶为标准。所谓"大畏民志"，如此而已。最后，"此谓知本"，知个什么本呢？这是指我们的意识所产生的思想形态，在我们心中脑里，随时都有矛盾乱流，形成业力。任何一个人，随时在心中脑里，有理性和情绪上的斗争，随时自己和自己在争讼、打官司。除了能"自净其意"以外,"自讼"是随生命并存,永无停止的。所以道家的庄子,也形容这种"心、意、识"自讼的状态,叫做"心兵",就是说平常的人们意识心中,随时都在内战。如果心兵不动,自心的天下就太平了。人们假如能够学养到自净其意,不生妄念,心兵永息,更不自讼了,那才真是"知本"。

再加牵强附会地说,曾子自己引用了上古历史故事以后,觉得对于历史上的功罪也很难下定论,讨论下去也没有多大意思。所以便引用孔子说过"听讼"的话,借此作为"诚意""知止"的总结。因此,我们也不必再替曾子作辩护人,与朱熹争讼了!(诚意)(八)

"诚意"在外用上也须"知止"

大家不要忘了,上面是我们把原本《大学》一路下来的"所谓诚其意者,毋自欺也",到再重复一句"故君子必慎其独也"一段,有关"诚意""慎独"问题,用经史合参的方法所作的说明,别列为八个"正知"。这也就是说明"大学之道",由"知止而后有定"的七个"内明(圣)"、"明德"的实证学养开始,是以"知止"为基本的正知正见。到了"诚意、正心、修身"的"外用(王)"阶段,就以"诚意"为内外兼修"明德"的关键修养。但要"诚意"在"外用(王)"之学方面,也必须要切实了解"知止"的重要。所以原本《大学》说明"诚意"的总结,便又引用"知止",重提"知止",实在是有深意。有关"外用"之学的"诚意""知止",孔子在《易经》乾卦的"文言"说得最为透彻清楚。如说:

> 亢之为言也，知进而不知退，知存而不知亡，知得而不知丧。其唯圣人乎！知进退存亡而不失其正者，其唯圣人乎！

人们如果真能明白了这个道理，就可知道"大学之道"是由《乾卦·文言》的"大人"之道的发挥。明白了这个原则，才懂得"外用""知止"的不易。无论古今中外，人们要想自立立人，自利利他，上至领导国家天下、服务人群，为英雄、为豪杰，从事政治、军事、外交、经济等，中至经营工商企业，或为一家一己的商贾买卖，甚至只为个人的谋生，如果不明白"进退存亡而不失其正者"的"诚意""知止"原则，只知精进发展，任意妄为，那就一定会给自己带来临去时的后悔莫及了！不过大家放心，在一般平常的人们，虽然到了生命尽头，仍然不知"诚意""知止"的"进退存亡"之道的大有人在。所谓"至死不悔"，那是普遍的情形。

三五、修身与正心

人身难得要珍惜
「心」能转「身」的道理
管子有关身心的学说
庄子特别为残障者加油
中印贤圣皆以无为法而有差别
修身的重点在正其心

所谓修身，在正其心者，身有所忿（愤）懥（怒），则不得其正。有所恐（怕）惧（吓），则不得其正。有所好乐，则不得其正。有所忧患，则不得其正。

心不在焉，视而不见，听而不闻，食而不知其味。此谓修身在正其心。

我们在前面所讲的"大学之道"，由"致知、物格"，直到"诚意"、"知止"，都属于我们生命存在的精神方面的事。用简略粗浅的习惯观念来说，都是属于心理部分的事。但人和一切生物生命的存在，是由身心两部分所组合而成的。精神和心，众生天天在用，在活动，但心不知心，心亦不见心，正如子思在《中庸》上所说："百姓日用而不知"。如果要想自己见心、知心而明心，从"大学之道"来说，必须先从"知性"开始学养，由"知止而后有定"，到达"安、静、虑、得"的境界，才能得知"明德"自性的本来。

但一般的人们，由生到死，大多数是不管"心"是什么东西，"意"是什么东西，"知性"又是什么东西。从十九世纪开始，除非他是学心理学或是哲学，乃至学医学的精神病科等等学科的人，都是从唯物哲学的科学出发，才能对这些问题构成它为新兴科学分门别类的一套学识。我们在这里没有时间另作比较性的介绍。

人身难得要珍惜

　　人们对生存的生命，所注重的现实人生，普遍都认为"身"的存在就是生命，就是人生。其实"身"是"生命"中机械性的机器，是在现实中所表达的每一个人"自我"存在的作用。它是属于自然物理的、生理物质的现实，是偶然的暂时的，受时间空间所限制的实用品。如果从"形而上"的心性精神观点来讲，此"身"不过是我们现在生命之所属，只有暂时一生的使用权，并无永恒占有的所有权。"身"非我，真正生命的我并非就是此"身"。

　　我们为了暂有的"身"，假定以中间六十年做指标来讲，每天为了它要休息，占去一半时间都在昏睡中，已经除了一半，只有三十年。一日三餐，所谓"吃喝拉（屎）撒（尿）睡"五件要事，又减去了三分之一。如果像现在政界官场、工商业家们的习惯，一日有两餐应酬，至少每餐要浪费了两三个钟点，加上夜晚的跳舞歌唱等等，不知道他们有多少时间办公？多少时间读书？看来真为大家惋惜心疼。但是人们都说这样才叫做人生啊！我复何言！我们这样说，不是对人生的悲观，这是为了我们幸得而有此生，幸得而有此身，所谓佛说"人身难得"，应当加以珍惜自爱这个难得宝贵的生命。

　　但话又说回来，我们的一生，单单为了此身的存在，为了它的需要所产生的衣、食、住、行，就忙得够呛，自身忙得不得了，难有太多的时间为别人。因此，了解到做父母的、做社会服务的人，个个都是天生圣人，都是仁者。其实，每一个人活在人世间，几乎没有一个不是损人利己的，同时也可以说，没有一个不是损己利人的。因为人是需要互助的，人是彼此需要互相依存的。人不像别的生物一样，所以构成人群的文化，形成了社会。

然而，此身的存在，为了生活已够麻烦，如果再加病痛和意外的灾害，那可麻烦更大了。因此，道家的老祖宗老子便说："吾所以有大患者，为吾有身。及吾无身，吾有何患。"但是，另由道家分家出来的神仙丹道们，却要拼命修身养性，以求此身的长生不老（死），忙上加忙得不亦乐乎！真的长生不死的人没有看见，但他们有此永远的希望，因而洁身自爱，看来比吃喝玩乐过一生的，也就各有妙趣不同了。另有从痛苦生活中经历过来的人说："百年三万六千日，不在愁中即病中。"乍看虽然消极，事实上大多数的人们确实都有这样的境遇，所谓儒家"仁政"之道"平天下"者，又将如何平之呢？

我们因为研究"大学之道"，恰好讲到人我的"身心"问题，所以才引发有关"身见"的话题。曾子在原文中，并没有像佛道两家一样，特别说明解脱"身见"的重要。你只要仔细读了这一段原文，他也是极其注意"心"的作用为主体，"身"只是"心"的附庸而已。所以最后特别说明一句"此谓修身在正其心"。并不像一般佛道两家的支流分派，专门注重修炼"身"的生理气脉，便自以为是修道的真谛了。

不过，话又得说回来，"身"固然是"心"的附庸，可是在现实存在的生命作用上，人们一切思想行为表现在"外用"方面，完全是因为有身，才能造成这个人世间芸芸众生的种种现象。所以在《大学》有关"内明（圣）""外用（王）"的八纲目中，特别列出"修身"这项要点。但在"修身"的要点中，他所提的，只是身心有关的"忿懥、恐惧、好乐、忧患"四个现象，并没有说到身的气脉、五脏六腑，以及现代所说的神经肌肉等问题，这又是什么道理呢？答：儒家孔门的学问，最主要的中心，是注重"人道"的行为科学，不像古代医学所讲的养生，专在生理变化上讲到和心理相关的作用。如果要了解这方面的问题，应该多读《黄帝内经·素问》部分的学识，配合现代医学、卫生等科学来作研究说明。我们不必牵涉太广，反而变成泛滥无归，离题太远了。

在《大学》这里所提的"忿懥、恐惧、好乐、忧患"四个现象，其实就是子思在《中庸》上所说的"喜、怒、哀、乐"四个情绪。再从上推寻，都是浓缩《礼记》中所述传统文化中的"七情"的要点，只是曾子把情绪所发生的现象作用，较为明白地分析描述。子思是照传统所归纳的原则，提出大纲，如此而已。如果从大体来说，这四个甚至七个情绪现象，每一个人在幼小时期开始，已经发生因子的阴影，做父母、师长的人，只要注意留心幼童的性向，已经可以看到他的一生。正如俗话说的"从小看到老"，尤其在生理健康状况以及面貌表情上，几乎是无法掩盖隐瞒的。

所以教育文化的目的，就是要改变人的缺陷，使一切圆满，没有遗憾。可惜的是，世间做父母、师长的，真能"诚心"知道的，"诚心"牺牲自我为后世社会而造成一个"真人"的，并不太多。普遍只是想望子成龙、望女成凤，出人头地就好了，只想把自己一生遗憾做不到的希望，要求孩子去完成，真是大错特错。因此，古人说"经师易得"（教授各门学识的老师叫经师），"人师难求"（如孔子、孟子、颜回、曾子等，便是人师，甚至还兼经师）。后世的《三字经》也说："养不教，父（母）之过。教不严，师之惰。"就是这个意思。

"心"能转"身"的道理

我们现在不妨略知皮毛地说一点养生学的理论。如说，愤怒伤肝，恐惧伤肾，好乐伤心，忧患伤肺。换言之，容易发怒或脾气不好的人，便是肝气不平和的现象。容易害怕，俗话所说胆小怕事的人，便是肾气（与脑有关）不平和。嗜好过分，特别如饮食、男女方面过分，可使心脏有问题。多愁善感，或遇家庭问题，其他等等事故，心多忧患，便由肺气不平和开始，影响内脏健康。总之，七情六欲与生理健康关系非常大，错综复杂，一言难尽。中国古代医学所讲的"五劳七伤"，便是这些原因。但是知道了也不必怕，只要明白了"诚意"、"正心"，明白了"心能转物"、"心能转身"，一切可以从"唯心"的力量自能转变。当然，这就是"大学之道"大人之学的学问所在了。

通常每一个人，由面目的表情、态度、动作和言语表达等综合起来，才构成为一个人的行为。所有这些行为，是由整个人体的"身"在运作。但在每一个人的行为动作中，都是充分含有"喜、怒、哀、乐""忿懥、恐惧、好乐、忧患"的成分。无论是婴儿、老人，或是聋盲喑哑残障的人，都是一样，并不因为肢体的缺陷就缺少七情六欲的成分。因此，平常要了解一个人，认识一个人，观察一个人，都是看到这个人就知道了他是爱笑的人，或是容易发脾气的人，或是非常保守内向的人，或是很有浪漫气息的人，或是很狂妄傲慢的人等类型。其实，所谓这个人，是人们习惯性"逻辑"上的普遍"通称"。严格地说，这许许多多不同类型的人，是从他有每一个单独不同的"身体"所表达出来的不同形相。人们因为使用名词成为惯性，便就统统叫他是每一个"人"的不同，不叫他是每一个"身"的不同。

我们明白了这个"逻辑"道理，再来看《大学》，对于一个人的"身心"，就用很严谨的界别，述说有关喜、怒、哀、乐等情绪的重点，是属于"身"的一边，尤其容易见之于形态表达的作用上。要想修整改正这些生来的习性，所谓从事"修身"

之学，便要从"心"的方面入手。

但现在问题来了，"心"是什么？"心"在哪里？怎样才是"心在"？怎样才是"正心"？这里可有一连串的问题，留待后面再说。诚如曾子所说："心不在焉，视而不见，听而不闻，食而不知其味。"这当然是毫无疑问的事实。譬如那些古代言情小说所写的，"茶里饭里都是他"，一看就知道她心里在想念着一个人，对茶饭无心欣赏，并不是说茶里饭里有个心。同样的道理，当一个人，在极度忿怒、极度恐怖、极度爱好、极度忧患的时候，也是"茶里饭里都是他"，也是"视而不见，听而不闻，食而不知其味"的。因此，在曾子之后的孟子也说，"学问之道无他，求其放心而已矣"。孟子是说每个人平常都生活在散乱或昏迷的现状中，此心犹如鸡飞狗跳，并不安静在本位上，所以只要能收得放肆在外的狂"心"，归到本位，就是真正学问修养的道理了。

曾子与子思都是传承夫子道统心法的弟子，也可以说是孔门儒家之学的继承者。《大学》与《中庸》，都是专为弘扬孔子"祖述尧舜"的传心法要，当然就形成另一种严谨肃穆的风范。后世的人读了都非常敬仰，但实在也有"敬而远之"的味道。因为这些精义稍加深入，就像宗教家的戒律，使人有可望不可及的迟疑却步之感。其实，心性之学，确是中国周秦以前文化的精髓。在那个时期，世界上除了希腊文化中的哲学部分略有近似以外，只有印度文化中的佛学，才是对心性之学有它专门独到的长处。不过在曾子、子思的时代，佛学并没有传入中国，所以不可以同日而语。但在春秋的初期，中国文化学术儒、道、墨等分家的学说还未萌芽，就有早于孔子而生的管仲，对于心性之学已有湛深的造诣，只是后世的人们把他忘掉，归到"政治家"里去了。因此，他在政治领导的方向上，能够为中国的历史政制奠定了良好的基础,永为后代的典范,并非是偶然的事。

管子有关身心的学说

我经常对西方的学者朋友们说,中国文化自古以来并不像西洋文化那样,是把哲学、史学、文学以及诗人、政治家加以区分的。十八、十九世纪以前的中国,素来是文哲不分、文史不分、文政不分,是混为一体的文化学问。过去了不起的政治家,也就是哲学家、史学家、诗人、学者。如果你要研究中国的哲学,不会中国的文学、诗词、歌曲,不懂"二十六史",就很难说是真能通达博雅了。例如管子,他的中心学术思想,是在他所著书中的《心术》上下篇、《白心》篇。这三篇,最为重要。现在为了大家多加了解,就其《心术》上下篇各摘录一则有关"身心"的学说。

心之在体,君之位也。九窍(两眼睛、两耳朵、两鼻孔、一嘴、大小便处)之有职官之分也。心处其道,九窍循理。嗜欲充益(人被嗜好、欲望塞满了),目不见色,耳不闻声(相同于视而不见,听而不闻),故曰:上离其道,下失其事(譬如政治体制的失控)。毋代马走,使尽其力。毋代鸟飞,使毙其羽翼。毋先物动,以观其则。动则失位,静乃自得。道不远而难极也,与人并处而难得也(人的身心,本来就有道,只是自己找不到它)。虚其欲,神将入舍(只要自己去掉了妄想欲望,空灵的元神,就会回到你的家里——身内)。扫除不洁,神乃留处。人皆欲智而莫索所以智乎!智乎!智乎!投之海外无自夺。求之者不得处之者。夫正人,无求之也,故能虚无。虚无无形,谓之道。化育万

> 物，谓之德。君臣父子，人间之事，谓之义。登降揖攘，贵贱有等，亲疏之体，谓之礼。简物小，未一道，杀戮禁诛，谓之法。
>
> 形不正者，德不来。中不精者，心不治。正形饰德，万物毕得。翼然自来，神莫知其极。昭知天下，通于四极。是故曰：无以物乱官，毋以官乱心，此之谓内德。是故意气定，然后反正。气者，身之充也。行者，正之义也。充不美，则心不得。行不正，则民不服。是故圣人，若天然，无私覆也。若地然，无私载也。私者，乱天下者也。

当然，我无法在这里再多加引述，只是大略提到管仲的有关心性之学的学问，作为对曾子所说"心正而后身修"、"修身在正其心"的参考。我觉得，一般人只知管子在历史上的事功，却忽略了他的学问和文章，这是很可惜的。

庄子特别为残障者加油

总之，"修身"的重点在于"正心"，并不是修饰外形。同样的道理，庄子在《德充符》上，讲了五个身体残障而有道的高人，其中特别提到一位和孔子幽默地对话。鲁国有一位残障的人，因为少了足趾，因此便叫他"叔山无趾"。他来见孔子，孔子就说："你以前为什么那么不自爱，搞成这个样子，现在还有什么办法呢！"无趾便说："吾惟不知务（我以前因为不懂事），轻用吾身（不爱惜我的身体），吾是以亡足（因此损害了我的足）。今吾来也，犹有尊足者存（我现在来见你，因为我还有那个比足更尊贵的存在），吾是以务全之也（我所以必须要好好保全它）。夫天无不覆，地无不载，吾以夫子为天地，安知夫子之犹若是也（我原以为你夫子像天地一样的伟大，哪里知道你也只是重视外形的人）。"

孔子听了，会有什么反应呢？《庄子》这样记载：

> 孔子曰："丘则陋矣（啊！对不起，失礼了，我今天太卑鄙了）！夫子胡不入乎，请讲以所闻（无趾先生，请你进来，对我讲解你所了解的道）。"无趾出。孔子曰："弟子勉之！夫无趾，兀者也（断了足的人），犹务学以复补前行之恶，而况全德之人乎！"

同时，庄子又讲了一位外形生得非常特异的人，名叫"闉趾支离无脤"，驼背，足跟不着地，整个身体扭曲，又没有嘴唇。卫国的诸侯卫灵公见了他，和他一谈，非常佩服他，又很喜欢他。卫灵公认为他是一个极其完美的"全人"。

因此，庄子说：

> 有人之形（有些人，只有人的外貌形象），无人之情（并无人的内情）。有人之形，故群于人（因为他的外形，的确是个人，所以他生活在人群里）。无人之情，故是非不得于其身（因为他不近人情，所以对他，没有什么是非善恶可说了）。眇乎小哉！所以属于人也（所以属于一个人的外形生命，是太渺小了）！謷乎大哉！独成其天（最伟大了不起的，是生命中的天性啊）！

再说，大家一定都看过那些佛教大寺里的罗汉堂。五百罗汉大多是形貌古怪的角色，而且有的东歪西倒，并不像大殿上代表"全人"丰姿的佛、菩萨那么庄严美妙。可是那些罗汉，也都是得了道的大圣人。

孟子也说过：

> 人之有德、慧、术、知者，恒存乎疢疾（有内在隐痛，或另有心病，或与生俱来内有暗病的人）。独孤臣孽子，其操心也危，其虑患也深，故达。

愈是受过患难曲折、生活在艰难困苦中的人，愈能反思立志，完成了伟大的学问、技能和道德的修养。

中印贤圣皆以无为法而有差别

所以说，"修身在正其心"，道在心，不在外形，都是同一意义。但"心"在哪里？"心"是什么？什么是"心"？怎样才是"心在"？怎样才是"正心"？这就要回到前面提过的问题上来了！曾子只说"心不在焉，视而不见，听而不闻，食而不知其味，此谓修身在正其心"。反过来说，视而见的是"心"在见，听而闻的是"心"在闻，食而知味的也是"心"在知味。如果一个人，在同一时间内，看见一件很可笑的东西，又听到有人笑得像哭的声音，嘴里还正在吃得津津有味，又碰到牙齿咬破了舌头，这时"心"在哪一个作用上面？当然，也可以说当下能看、能听、能知味、又能知痛痒的，同时都是"心"的作用。

但照现代医学来说，这些作用都是脑的反应，并没有另外一个"心"的存在。但是，近来医学上对脑的研究，并不是绝对肯定地说，除脑以外便没有"心"了。不过，我们现在不能跟着医学的科学来讨论"心"和"脑"的辨别，不然会愈说愈加繁复。我们只能照固有的传统文化来讲，如前所说，同时能起

"见、闻、觉（感觉）、知"作用的，还正是意识的范围，意识与脑的作用，几乎是连在一起的。至于传统文化中所说的"心"，是包括整个人体的头脑、四肢、百骸、腑脏，甚至所有全体的细胞。乃至现有生命活力所波及的反射作用，以及它能起思维、想念和意识所反应的"见、闻、觉、知"等等功用，都是一"心"的"能知""所知"的作用。它既不是纯生理的，又不是纯精神的。而生理的、精神的，又都属于"心"的范畴。所以便可知道传统文化中的"心"是一个代号，是一个代名词。如果把它认定是说心脏的"心"，或是脑的反应，那就完全不对了。换言之，"心"是生理、精神合一的代号，既不是如西方哲学所说的"唯心"，也不是"唯物"，它是"心物一元"的名称而已。

关于这个问题，在中国文化中的哲学史上，由周秦前后开始，到了战国时期，大如儒、墨、道三家，细分如诸子百家，各有主旨界说的异同。再经魏晋南北朝，到隋唐之际，几乎一千年左右，论说争辩，也是各主所见，互有短长。直到中国的禅宗兴起，蜕变了宗教与学术的外衣，就以中国的民间的土语方言，表达了至高无上的"形而上"与"形而下"整体的奥义，才比较说得最为明显。例如盛唐之际的禅宗大师们就说："心即是佛，即佛即心。"又说："不是心，不是佛，不是物。"或说："本来无物亦无心。说一个佛，说一个道，已是十万八千里了。"尤其如初唐时期禅宗六祖慧能大师的著名偈语所说：

菩提本无树　明镜亦非台
本来无一物　何处惹尘埃

这是为各家公认推崇的明心悟道之作。但是六祖的师兄神秀禅师的偈子：

> 身是菩提树　心是明镜台
> 时时勤拂拭　莫使惹尘埃

他所指渐修境界的叙述，便为南宋理学家，如程颐兄弟、朱熹等所因袭，作为"治心"之学的标本，提倡以孔、孟儒学"主敬""存诚"的修养方法。例如朱熹影射他自己学问修养的名作：

> 半亩方塘一鉴开　天光云影共徘徊
> 问渠那得清如许　为有源头活水来
>
> 昨夜江边春水生　艨艟巨舰一毛轻
> 向来枉费推移力　此日中流自在行

从他这两首七绝的诗，不能不说他对于"诚意"、"正心"之学，确有相当的心得与成就，可惜的是，他还是不明白所谓"向上一著"的究竟。

了解了这些传统文化中"心法"的道理以后，便可知道《大学》所说的"正心"与"心"在哪里，是与它开始所说"在明明德"，以及"知止而后有定，定而后能静，静而后能安，安而后能虑，虑而后能得"，"致知在格物，物格而后知至"，"诚意、正心"，都是首尾兼顾，始终一贯的学问与修养，并非在此"心"之外，另有一个什么"明德"的存在。

讲到这里，我们又不得不借重佛学来作说明，因为专门深入研究"心性"之学，以及"心物一元"的学问，到现在为止，实在没有哪一种学说理论更比佛学高明。佛学是以"三界唯心，万法唯识"为主旨。所谓"三界"，是指这个宇宙之间的生命，统以爱欲、淫欲为生命来源的作用，叫作"欲界"。它是包括物质、物理的世界的一切生命在内。超过欲界以上的是"色界"，以光色为主体的生命世界。超过色界以上的是"无色界"，我们暂时只能理解它是"空界"，或可说是超越时空的一种现象。"万法"是指宇宙间的一切有形的事物，以及一切无形的理念和精神。佛学说所有"三界""万法"，都是"一心"的功能所变现。至于从人道立场开始，包括物理世界和精神世界的"唯心""唯识"作用来说，它又分析归纳，列为八个"识"的界别。先从人体来说，眼耳鼻舌身，各有它个别的五个"识别"作用。普通叫作"前五识"。它们都通过第六"意识"的分别思量等作用，而纳入归藏到以坚执"人我"为主导的意根，作为形成个别生命的一种功能，梵文命名它为第七"末那识"。这样由个别"人我"来分析说明它的现象，由前面七个识，到最后都是从一个"能藏、所藏、执藏"的作用，与精神、物理、物质相汇合的功能，以梵文命名它叫第八"阿赖耶识"，翻译成中文，便名"藏识"。而这八个"识"的中坚主导，仍然是以第六"意识"为最重要。不过，"八识"统属"心王"，所以又简称为"心、意、识"。总之，最后仍然以"心"为主。

由此了解，你再回转来看曾子著《大学》的时候，佛学根本没有进入中国，而且这样条分缕析的"唯识""法相"学，在当时的印度佛学界，也未开始大流行。但"大学之道"却从"明德"开端，中间也特别强调"致知格物"到"诚意、正心、修身"，如此等等，种种迹象，何期不谋而合，有这样相似呢？这就是说明，东方西方，前古后古，无论是讲唯心或唯物的道理，总之，真理只有一个，只是表达的说法各有不同而已。所以佛说："一切贤圣，皆以无为法而有差别。"也就是说明真理是说一不二的道理。

修身的重点在正其心

那么，我们再回转到"大学之道"的本题来说，为什么说"修身在正其心"呢？事实上，我们身体歪了，"心"想要它正起来，你心尽管想正，它就老不会正，这又是怎么说呢？大家不要搞错了《大学》所谓"修身"的道理，它一是说由身体内在所表达在外形行为的态色；二是说由身体内在生理习性所发生的"忿憓（轻易发脾气）、恐惧（随时怕事）、好乐（容易动容）、忧患（悲观多虑）"等，和"喜怒哀乐"的情绪，需要修整的学问。并非是指如整骨、整形、美容医师们的治疗手术的学识。如果我们引用老子的话来作对比的说明，就更明白了。老子说："故贵以身为天下，若可寄天下。爱以身为天下，若可托天下。"又说："后其身而身先，外其身而身存。"至于大乘佛学，为了慈悲济世而救度众生，所谓真的菩萨们，是可施舍本身的头目脑髓。那都是超越世情的常道，并非人道中的平常人所能够做到的。

但是，如要钻牛角尖，一定要向生命的身体上讲求"修身"与"正心"的关系，那是纯生理、纯医理等的学问，是属于唯物哲学和科学的一边。它和唯心哲学的一边，都是同等的深奥，都不是普通常识所可思议的。例如我们古来传统文化中的道家医学，甚至道家学派支流的神仙丹法，以及从印度流入中国的后期佛学，如西藏密宗的修行路数，都如一般人所固执的"身见"一样，要想从现有的肉体生命上追求，愿意自找麻烦地钻出一个成果来。可是它所包括的学理，更是千丝万缕，非常复杂。并非如一般人盲修瞎炼，随随便便"内炼一口气，外炼筋骨皮"，就可以一蹴而就的。

至于后世一般人，为了希望长生不老，借重佛道两家乃至神仙密宗等名目，执着人身的"身见"，拼命作炼气修身的功夫，那就应该先深入佛学对于人道生命的生来死去的学识，有个透彻了解。如《入胎经》"十二因缘"的"中有"理念等。然后对《素问》《灵枢》阴阳大道的学理，以及人身"十二经脉"、"奇经八脉"和几百个穴位，先有了医学上的基础，再对印度瑜伽术所说的"军荼利"（中文翻译如"灵能""灵力""拙火"乃至"三昧真火"等等，都是人身生命功能的代号），以及和它相关的人体生理七万二千脉、一万三千神经、四千四百四十八种病情，再有所实修实验的学习，然后才可以讲究修身炼气之道。

但是最基本的也是最重要的："所"修者是"身"，"能"修者是"心"。最后还是要归到《大学》所说的一句名言："此谓修身在正其心。"

三六、中国文化传统的『家』

祠堂曾是社会安定的基石

『社会福利』工作由来已久

从『张公百忍』的故事说起

尧可不愿多子多孙

> 所谓齐其家在修其身者，人之其所亲爱而辟焉，之其所贱恶而辟焉，之其所畏敬而辟焉，之其所哀矜而辟焉，之其所敖惰而辟焉。
>
> 故好而知其恶，恶而知其美者，天下鲜矣。故谚有之曰："人莫知其子之恶，莫知其苗之硕。"此谓身不修，不可以齐其家。

我们这次研究讲说《大学》，大体上是把它的内容划为"内明（圣）"与"外用（王）"两大项目。由"大学之道，在明明德"、"知止而后有定"开始，直到"致知格物""诚意、正心"，属于"内明"的学问修养为主。从"正心"与"修身"来讲，已属于内外兼修的范围。但到了"齐其家在修其身"的阶段，直到"治国、平天下"，可以说是属于纯粹"外用"之学了。但是，所谓"外用"之学，也可以说就是行为学或行为心理学，伦理学或政治伦理学，管理学或管理领导学。总之，如照现代人巧立名目的习惯，若略有所知，就可夸大其辞地戴上高帽，爱叫它什么学都可以。但不要忘了，它本身早已有了一个最好的名称——大学。

祠堂曾是社会安定的基石

现在要讲"修身"与"齐家"之道了。我曾经多次提醒大家注意，中国传统文化中的"齐家"，并非是西方小家庭的家，也不是二十世纪后期中国新式的家。古代传统文化的家，其主要是指"宗法社会"和"封建制度"相结合的"大家庭"、"大家族"的家。它本身就是"社会"，所以过去中国文化中，再没有什么另一个"社会"名称的产生。如果从"大家族"的"社会"，与另一个家族，或其他许多家族的土地连接起来，就是另一个团聚的名称，叫作"国"了。因此，由上古以来到后世，便正式成为"国家"名称出现了。

古代所谓的家，是由"高、曾、祖、考、子孙"五代一堂贯串上下的家。但这还是偏向于以男子社会为中心的家。如果再加上由女子外嫁以后，所谓姑表姨亲等关联的家族相连接，构成一幅方圆图案的家族社会，再加上时代的累积，那么岂只是五百年前是一家，几乎整个中国本来就是一家人，这是一点都不错的。所以从中国上古的"武学"与军事发展来讲，古代俗话所说的"上阵需要亲兄弟，打仗全靠子弟兵"的这种观念，也都从"宗法社会"的家族传统文化所形成。例如民间小说或旧式戏剧中所推崇的"杨家将""岳家军"等，也都是由这种"家族"观念所产生的荣誉。如果随随便便说它是落伍的陈旧"封建"意识，应该打倒，才能使社会有新的进步，似乎未必尽然，还须值得仔细研究，再作定论。

"大家族"的"家族"观念，在中国文化中植根深厚，它影响了东方的亚洲，如朝鲜、日本，乃至东南亚各地。它也是民族主义和民族共和思想的根源。尤其在中国本土，直到现在，如果深入研究各个地方的"祠堂"和"族谱"，那种"慎终追远"的精神，以及旧式"祠堂"家族的"家规"，你就可以了解为什么古代政治制度，从政的官员那么少，社会治安、保安人员等于零，它用什么方法、什么体制，能够管理好那么一个偌大的中国。

我们现在再重举一个三百多年前的例子来说,当明末清初时期,满族在东北,一个寡妇孤儿,率领十来万满蒙军队,其中包括少数的汉军,就能轻轻易易地统治中国上亿的人口。他们靠的是什么?并非全靠杀戮,也不是全靠严刑峻法。他们真正了解文化统治的重要。由康熙开始,他已经深深知道儒家学说的"齐家、治国"的重心。因此,他颁发"圣谕",要民间知识分子的读书人秀才们,每一个月的初一、十五在乡村的祠堂里讲解"圣谕",极力推行提倡儒家的孝道,以及把儒学作为戒条式的律令。后来到了雍正手里,又重新扩充了康熙的"圣谕",成为《圣谕广训》。他们了解"社会教育"的重心,是在形成整个社会的循规蹈矩的道德风气,而达到不言之教,不令而威的效用。

你们年轻人不会知道,我是从小亲眼看见过在偏僻的农村里,如果一个青年有了不规矩的行为,偷了别人家的鸡,或有了男女的奸情,告到族长那里,如果情节重大,大家要求族长打开祠堂门,当着列祖列宗的牌位来评理处置,那就非常严重了。这个子弟如不逃走,也许会被"家法"(祖宗前面的红黑棍子)打死,至少是当众出丑,永远没脸见人。

后来在抗战初期(1937年),我到四川,有一位青年朋友,四川彭县人,跟我一起做事久了,他常常苦苦要求我为他报仇。你说,他要报什么仇?他要杀人放火,烧掉家乡别家的"祠堂",要杀掉那一姓的"族长"及有关人士。为了什么呢?因为他与这家的小女私相恋爱,被他们发现了,认为太不要脸,太丢家族的面子了,要把他两人抓住活活打死。结果男的逃掉了,后来就是我的朋友。女的被抓住了,由"族长"当众决定,把她活埋了。因此,他日夜要想报仇杀人。后来我总算用别的方法,化解他的仇恨,使他另外安心成家立业。当然这些例子不多,但由家族制度所发生的流弊也不少。你们都也看过很多现代文学大师们的社会小说，也就约略可知旧式"家庭"和"大家族"阴暗面的可厌可恶之处，必须加以改革，但这也是"法久弊深"的必然性，并非全面，也不可"以偏概全"，便认为是毫无价值的事。

"大家族"的宗祠，它不是一种法定的组织，它是自然人血缘关系的"标记"，是"宗法社会"精神的象征，是"宗族"自治民主的意识。有的比较富有，或者宗族中出过有功名、有官职的人，也有购置"学田""义田"，把收入作为本族（本家）清寒子弟读书上进的补助。祠堂里必要时也会让赤贫的鳏、寡、孤、独的宗亲来住。当然，族里如果出了一个坏族长，也会有贪污、渎职、侵占的事。天下任何事情，有好处就有坏处，不能只从单一方面来看整体。

"社会福利"工作由来已久

从社会学的立场来讲，几千年来的中国文化，似乎缺乏"社会"团体这一门思想学术，甚至孔孟儒家的学说，如《大学》《中庸》，也根本没有提到"社会"的观念，更没有什么"社会福利"思想。当年我在听"社会福利"这一门课，刚由美国输入中国，非常新颖时髦。我一边听课学习，一边就提出不同意见。我说，在传统的中国文化中，有关"社会福利"问题，从我自幼接受的传统教育开始，早已深深种下这一门课的种子。大体来说，如恤老怜贫、敬老尊贤、存孤敬寡等等，都是幼少教育的重点。而且在儒释道三家的学说中，以及诸子百家，统统有从"社会福利"出发的理论和名言。只是大家不懂中国"社会学"历史的发展，没有像西方二十世纪以来的文化，由资本主义的经验，转变成为新时代劳工福利，推广到所有"社会福利"的实验方法而已。我只听了几堂课以后，那位在美国留学回来的博士教授，就约我谈畅中国历史上有关"社会学"的知识，后来干脆请我演讲"中国特殊社会史的演变"的专题。"特殊社会"是我当时新创的名词，因为从战国时期的墨子开始，几千年来都存在这种"社会"。即使如西洋各国也同样存在。渐渐演变，就成为近代史上的"帮会"了。但到底我是在求新知，不是来卖旧货。讲了几次，听的人热烈欢迎。我就见好便收，干脆不去上课，自己看书研究，免得浪费时间。

讲到这里，除了"宗法社会""大家庭"的精神遗风，演变成为"宗族"的宗祠（祠堂）之外，由南北朝、唐、宋以后，中国社会佛道两家的寺、院、庵、堂、道观等等，都是有形无形兼带着在做"社会福利"的工作。韩愈当时反对迎佛骨，接着便写了《原道》等大文章，反对佛、老，更反对一般人去出家做和尚、做道士，认为是不事生产、"无父无君"的不忠不孝。这个观点，从政治文化的立场来说，一点没有错。但从整个"社会"的观点来说，也未必尽然。过去帝王封建时代的中国，并没有专管"社会福利"的机构，如果没有这些寺、院、庵、堂、道观来收容那些鳏、寡、孤、独的人，试问皇帝们、大臣们，包括韩愈老夫子，谁又来照顾他们呢？所以韩愈的侄子，出家学道成仙的韩湘子，也只好做两句诗来启发他老人家，"云横秦岭家何在？雪拥蓝关马不前"了。社会上的人，到了某一环境，的确都有"家何在"的情况啊！

从"张公百忍"的故事说起

在中国，"宗法社会"和"家族"所形成"大家庭"的观念，有四五千年前的传统，在唐宋时期最为鼎盛。最有名也最有代表性的历史故事，就在唐高宗李治时代。公元666年，高宗到山东泰山去，听说有一位九代同居的老人，名叫张公艺，便很好奇顺道去他家里看看，问他是用什么方法，能够做到九代同居而相安无事。这位张公艺请求皇帝给他纸笔，要写给他看。结果，他接连写了一百个"忍"字。高宗看了很高兴，就赏赐他许多缣帛。后来就成为历史故事的"张公百忍"。不知道当时的张公艺是有意对高宗的启示，或是对高宗的警告，无论怎么说，他却无意中帮忙了武则天。同时，也确实是他由衷的心得，说明做一个"大家庭"的家长等于是担任一个政府机构、大公司的主管，也犹如一国家的领导人，自己要具备有多大的忍耐、莫大的包容，才能做到"九代同居"，相安无事。

大家须要明白，我们中国由上古开始，地大人稀，而且历来的经济生产全靠农业为主，土地与人口就是生产经济、累积财富的主要来源。在周秦时期，封建诸侯的政治体制上，也多是重视人口。秦汉以后，封侯拜相乃至分封宗室功臣，也都以采地及户口为受益的标准。所谓"万户侯"等的封号，都是文武臣工等最有诱惑力，最要得到的大买卖。因此，人人都以多子多孙是人生最大的福分。当然，户口人丁的众多，是生产力和财富的原动力，不免形成大地主剥削劳动人工，压迫小民的现象。但并不像当时西方的奴隶制度，其中大有差别，不可混为一谈。我不是赞赏那种传统习俗，只是在历史学术上的研究，是非同异必须说明清楚，提醒大家在做学问、求知识方面的注意而已。

同时，说明由于"宗法社会""家族"的传统，形成后世"大家庭""大家族"的民情风俗，产生贵重多子多孙的结果。人们要想教育管理好这样的一个"大家庭"，比起管理一个社会团体，一个庞大的工商业集团，甚至比起一个国家的政府（朝廷），乃至现代化的政党，还要困难复杂得多。因为治理国家、政党，管理社团，大体上说来，只需要依法办事、依理处事，"虽不中，亦不远矣"。至于公平公正、齐治一个"大家庭"或"大家族"，它的重点在一个"情"，所谓骨肉至亲之情上面，不能完全"用法"，有时也不能完全"论理"，假定本身修养不健全，以致家破人亡、骨肉离散，也是很平常容易的事。

举例来说，在过去的社会里，一对夫妻生了三个儿子、两个女儿，几乎屡见不鲜，是很平常的事。甚至愈是偏僻的农村的贫苦人家，愈是生一大群子女，比富有城市人家更会生产人丁。其中原因，并不只是饮食卫生等问题，包括很多内容，一时不及细说。但古代的传统，除了元配的夫妻以外，还准许有三妻四妾，所以稍稍富裕的家庭，以儿女成行来计算，还不只三个五个，或十个来算人口的。如果只以一夫一妻来说，他们生了五个儿子，讨了五个来自各个教养环境不同的媳妇，在兄弟媳妇之间，互相称作"妯娌"。每个媳妇的个性脾气、心胸宽窄、慷慨悭吝、多嘴少话，个个自有各的不同。而五个儿子之间，由父母遗传的生性并不是一模一样。假如和父母一样，就叫"肖子"，肖，是完全相像的意思；和父母不一样，叫"不肖"。人不一定都是"肖子"。所谓"一娘生九子，九子各不同"。也就是说和社会上的人群一样，智、贤、愚不同，良莠不齐。再配上五个不同的媳妇，单从饮食衣着上的分配，甚至彼此之间对待上下的态度等，任何一件小事就有随时随地的是非口舌。如果发生在外面社会上的人群，还可忍让不理，躲开了事。这是昼夜生活在一个屋檐底下的人家，你向哪里去躲。倘使还有三五个姊妹未出嫁，日夜蹲在家中的大姑、二姑、小姑等等，不是父母前的宠女，至少也是娇女，对"妯娌"兄嫂、弟媳之间，对哥哥弟弟之间的好恶、喜怒、是非，乃至为了一点鸡毛蒜皮的事，可以闹翻了天。还有能干泼辣的姑娘，虽然嫁出去了，碰到对方女夫家是有权有势的家庭，或是贫寒守寡，无所依靠的家庭，也可能回到娘家干涉家务，或是请求救济。总之，说不尽的麻烦，讲不完的苦恼，比起在政府官场中主管老百姓的官，或是当管理国家天下的皇帝，看来还要难上百倍。因为做领导人的糊涂皇帝，或做管理百姓的糊涂官，只要"哼哈"两声，就可以决定一切了。可是"齐家"内政之道，不是"哼哈"二将就可了事的。"哼哈"二将，只能在佛教寺院门外守山门，不能深入内院去的。

我们这样还只说了父母子女两代。如果五个儿子媳妇，各自再生三五个儿女，那么，一家二十口或三四十口，还不算相帮的僮仆婢女，以及临时外雇，乃至佃户等相关的人丁在内。再过一二十年，第三代的孙子，又结婚，又生儿女，那么，这个所谓兴旺的人家，在四五十年之间，已是"百口之家"了。因为过去的社会，通常是早婚的，不比现在。你们须要了解，在孔子到曾子、子思、孟子的时代，甚至后世如我所讲这种情状的家庭，尤其是"皇室"或"诸侯"王家，所谓数百口之家，那是通常的事，不算稀奇。

在我们的历史上，所谓"五世同居"的"大家庭"，历代都有，甚至如在宋真宗赵恒的大中祥符年代（1008年—1016年），"醴陵丁隽，兄弟十七人，义聚三百口，五世同居，家无间言"。尤其是最后一句的记载，实在使人不敢想象地敬佩。所谓"家无间言"，是说全家三百多人，并没有一点不和睦、不满意而吵闹起来。因此便可知道"齐家"之道，是"齐"这样的家，不是如现代乃至西式的小两口子，把两个铺盖拼成一张大床或两张小床的家。即使是对小两口子的家来讲，又有几对是白头偕老、永不反目的呢！你看，"齐家"是那么轻易要求，那么稀松的世间人事吗！

照我默默的观察看来，依照现代物质文明的快速进步和精神文明相对的衰落，不论是资本主义或社会主义，甚至举世皆醉的工商业竞相发展，不久的将来，人类社会不会再有家庭制度的存在，而且也没有婚姻制度神圣的存在了！人类历史的剧本看到这里，我自己觉得可以"煞搁"了。因为我是一辈子看戏的，再看下去，不是不好看，习惯不同，就有点太陌生，不大自在了！

尧可不愿多子多孙

讲到这里，又使我忽然想起孔子说的两句话："我非生而知之者，好古，敏以求之者也。"为了上面所讲的中国过去社会的"大家庭"，依照孔子的话，"好古，敏以求之"，使我又想起孔子所再三推崇的上古圣人皇帝唐尧的一则故事。根据历史的记载说，尧治天下五十载，出外巡视，到了陕西华山一带。华封人（管理华山地政的人）祝曰："使圣人富、寿、多男子（愿你长寿，大富大贵，多子多孙）。"尧曰："辞（多谢你了，我不需要这些）。多男子则多惧，富则多事，寿则多辱。"我们看了帝尧辞让别人祝福的话，实在很佩服，不愧可称之为"圣人"，这也就是后世道家思想的根源，具有出世怀抱的超然感受。但是华封人听了，便又说道：

> 天生万民，必授之职，多男子而授之职，何惧之有。富而使人分之，何事之有。天下有道，与物皆昌。天下无道，修德就闲。千岁厌世，去而上仙，乘彼白云，至于帝乡，何辱之有。

看来，华封人这一段话，又是帝尧以后儒、道本未分家的共同思想。不过，要活千年才厌世而去，未免又太奢侈了吧！正如佛说，长寿是三灾（刀兵、瘟疫、水火）八难中的一难。仔细看来，的确别有高见。

对于中国传统文化的"家"，我们大概已经介绍清楚。也许，你们现代一般从开始就先学新时代的文化，或一开始便从西方文化基础学习的人，看来非常奇怪，好像西方的社会文明根本就没有这种情况存在。如果你是这样想，那你就大错特错了。无论是欧洲方面的英格兰、爱尔兰、法兰西、德意志等民族，乃至由各种民族所拼凑的"美利坚"国民，以及世界上任何地区和各国各地的少数民族等，在它的社会中，也都以拥有"故家"或"世家""大族"而自豪自傲的观念存在。这是人性的特点，也可说是人性的弱点。举例来说，在现代的美国，对于已故的总统肯尼迪，便有其特别的追慕之情。"肯家"也是美国的"世家""大族"，在美国本土的人，也经常有喜欢讲说或关心"肯家"，以及别的"世家"的许多故事。

三七、家家有本难念的经

修身齐家的五个心理问题

由『亲爱』而产生心理偏差的故事

由『贱恶』而产生心理偏差的故事

从『畏敬』鬼神说到近代『人造神』

从史实中领悟『畏敬』的正反道理

从史实中体会『哀矜』的正反作用

从史实中了解『敖惰』的心理背景

给自己、父母、领导人的启示

前面所讲，是因为要研究讲解"齐其家在修其身"的道理，必须先要明白中国文化两三千年来，所谓"齐家"之"家"的内涵指标。因此大略介绍过去历史上，所谓"大家族"和"大家庭"的情况，是《大学》所指"齐家"之道的重心所在。至于初由一男一女两相单独建立的"小家庭"，是归于"夫妇之道"的范围，当然也和"修身""齐家"有其基本的重要关系，但非本段文言的主要所指。

修身齐家的五个心理问题

《大学》本文这一段"齐其家在修其身"的内容，特别提出有五个心理问题，是主持家政的人，也可以说包括所有主持一个社团或政党的领导人，本身最需要有自知之明，避免容易偏差、容易犯错的主要修养所在。这五个心理问题的内容是：

一、人之其（有）所"亲爱"而辟焉

二、（人）之其（有）所"贱恶"而辟焉

三、（人）之其（有）所"畏敬"而辟焉

四、（人）之其（有）所"哀矜"而辟焉

五、（人）之其（有）所"敖惰"而辟焉

这五个"而辟焉"，也可说就是人们容易犯错误的五个心理问题的专题。"辟"字，在古书古文上有多重释义，有等于开辟的辟，也有等于庇护的庇。但在《大学》本文这里，"辟"是等于偏僻、偏差，甚至有病癖的意义。我们先要了解这个文字上的意义，然后再引用比较浅近明白，在历史上有过经验的故事来做说明，就更容易明白。

我们想引用历史故事来说明，也是为了配合《大学》所讲"欲治其国者，先齐其家"之标的来讲。其实，上面所提最浅近平常的五个心理问题，上至帝王将相、王公大臣，乃至工商业团体，甚至现代所谓的民主党派，下至每一个平民、小人物、小家庭，随时随地也都普遍存在这些问题。假如真要举出实例，恐怕要用再多的货柜也装不完的。只是为人长上，或做父母的家长们，一时很难"反躬自问"，很少有人肯自我反省而已。

由"亲爱"而产生心理偏差的故事

有关第一个"人之其所亲爱而辟焉"历史故事的事例，便是《战国策》所记载触詟说赵太后的先例。

战国的末期，燕赵两国和西面的秦国最接近，也都是秦国急于想吞并的对象。刚好赵惠文王死了，他的儿子孝成王即位，年纪很小，是个寡妇孤儿的局面，只好由能干的赵太后亲自出来掌握政权。秦国看到这个时机，就出兵急攻赵国。赵国没办法，就向齐国求救兵。齐国又把握机会要挟，必须赵国派遣赵太后最宠爱的小儿子长安君来做人质，齐国就会马上出兵救赵。赵太后不肯，大臣们极力劝谏她赶快派遣长安君去齐国，否则就来不及了。赵太后就公开地说："如果再有人向我说，要派长安君到齐国去做人质，我老妇必唾其面。"

正在毫无办法的时候，赵国的一位老臣触詟（官拜左师）

忽然请求要见太后。太后想：他偏要倚老卖老来见我，一定和这事有关。就很生气地等着。但触詟是赵国的老臣，威望又高，所以虽然生气，也还不失礼貌地接见他。触詟老态龙钟，慢慢地一步一步走上来，嘴里说："老臣病足，走得不快，请太后宽谅。我因为很久没有来晋见太后了，怕你玉体欠安，所以想来看看太后你啊！"太后就说："我是靠坐辇驾走动，还算不错。"触詟又说："胃口还好吧？"太后说："老了，平常只吃流质的稀饭。"触詟说："我真老了，不想多吃东西。不过每天勉强自己出去散步，走三四里，算是运动。这样，胃口就稍好一点，身体也舒服多了。"太后听了便说："老妇不能。"讲到这里，太后态度就变缓和，心里也放松了。她觉得触詟这个老头子，完全是和自己说些老人话而已，大概不会讲要长安君去做人质的事，也就完全放心了。

跟着触詟便说："老臣贱息舒祺，最少，不肖。而臣衰，窃爱怜之。愿令补黑衣之数，以卫王宫。没死以闻。"这是说，我有一个最小的儿子，名叫舒祺，很不像我少年时候的努力用功。不过人老了，总是疼爱自己的小儿子。我希望你太后开恩，叫他来补个王宫警卫队的队员。他有了一个位置，我也就安心了，所以我就不怕死地随便说出来，求你太后准许吧！太后一听，就说："好吧！他几岁了？"触詟说："他只有十五岁，虽然还小，但我怕自己快要死了，'愿及未填沟壑而托之'，所以要抢着来对太后请求。"（读了这一段，活像眼前看到一个很啰嗦的老头子，唠叨着为儿子求职说话。）

太后说："大丈夫男子汉，也会爱怜自己的小儿子吗？"触詟说："哦！男人们比女性还过分呢！"太后说："女人和男人不一样，爱是真爱。"触詟说："我看太后你爱你那个嫁去燕国的公主，比爱长安君还厉害。"太后说："哪里能比，我实在最爱长安君，他实在还太小啊！"触詟说："做父母的爱儿女，都是要为儿女长远的前途打算。你太后送公主嫁到燕国去的时候，一步一步跟在她的后面，一边又流着眼泪，担心她嫁得太远。看了真够难受的。但出嫁了以后，你虽然不是不想她，却还随时祷告老天保佑，不希望她会回来啊！那不是希望公主在燕国，生个儿子，可以继位为王吗？"太后说："那是当然的，是这个意思。"

他和太后的谈话到了这里，触詟便说："如果细算三代的事，我们赵国前面历代的赵王，能够继位的后代子孙，好像存在的不多吧！"太后说："都没有了。"触詟说："其实，不只赵国，其他各国的诸侯后代，能够继位存在的，有很多吗？"太后说："我没有听说过还有多少存在的。"

触詟便说：

> 此其近者祸及身，远者及其子孙。岂人主之子孙，则必不善哉！位尊而无功，奉厚而无劳，而挟重器多也。今媪尊长安之位，而封以膏腴之地，多予之重器，而不及今令有功于国。一旦山陵崩，长安君何以自托于赵？老臣以媪为长安君计短也，故以为其爱不若燕后（指公主）。

这是说，那些目前看得见的诸侯子孙们，都是在眼前就闯了大祸，本身受报应了。有些虽然迟了一点儿，大家也眼见他们的子孙没有好结果。难道是人民的老板们、皇帝诸侯的子孙们，都不是善人吗？其实不是这个道理。因为这些高贵的子弟们，家庭出身太好，生来就自然有高贵身份的地位，但他本身对社会国家并无半点功劳，而且因为出身不同，生活"自奉"得很富厚，奢侈、骄纵。得来容易，习惯了不劳而获，并且方便要挟，而取得贵重的资产太多了。例如你太后，现在随便就封了小儿子做

"长安君"的官位，又给了他许多肥好的地产，把重要、好的东西都给他，还有特别的权利。你还不趁现在叫他努力做一点对社会国家人民有贡献，有大功劳的事情。如果有一天，你像山崩一样地倒下去了，那么长安君有什么办法自己对赵国的老百姓做交代啊？所以我认为你爱长安君，是不及爱出嫁燕国的公主一样深呢！

讲到这里，赵太后全明白了，便说："好吧！我懂了，随便你怎样办吧！"于是为长安君"约车百乘，质于齐。齐兵乃出"。原文写到这里，后面还附带一段很有深意的结论说：

> 子义（赵国人）闻之曰：人主之子也，骨肉之亲也，犹不能恃无功之尊，无劳之奉，以守金玉之重也，而况人臣乎！

这是说，一个赵国人名叫子义的，听到了这件事的经过内情，便说："你们看，做人们大老板的帝王，他们的子孙，也就是他们的亲骨肉，还不能只靠没有功劳的地位，也不能靠没有功劳的享受。不然，你虽然尊贵，满堂黄金宝玉，也无法守得住的。何况我们做普通的老百姓，有财富，就一定可靠吗？"

我们引用这个历史故事，是借来说明"人之其所亲爱而辟焉"的道理。因为一牵涉到亲情爱情，心理就有偏差，严重一点就心理失常。那么，所有的智慧、理性，就都会被自己的感情所蒙蔽了。正如欧阳修所说："祸患常积于忽微，智勇多困于所溺。"岂但国家大事，就是三家村里的贫困小户人家，也随时会有这种情况发生，何况那些有权有势或是财富大老板们的家庭呢！可见"齐家"之道在"先修其身"的不容易了。尤其现在只生一个孩子的家庭，集中了大人们的亲爱、哀矜、畏敬、敖惰，及至贱恶于一个孩子身上，真是使人不寒而栗，更不敢想象将来后一代的子孙是怎么样的情况。

由"贱恶"而产生心理偏差的故事

有关第二个"（人）之其所贱恶而辟焉"的事例，也就是孔子所著《春秋》中宗旨在"责备贤者"的第一个历史故事——在左丘明发挥解释孔子大义的《左传》上所谓的"郑伯克段于鄢"，这是最重要的先例：

郑庄公的生母武姜，生她大儿子庄公的时候，是难产，经过很痛苦，所以在心理上有了成见，就对这个儿子有反感。用后世俗话来说，这真是前世的孽。因此她钟爱第二个儿子共叔段，她希望老公郑武公把王位传给老二。但当时在宗法传统的习惯上，必须以长子作为王位的继承人，如俗话所说："皇帝重长子，百姓爱幺儿。"况且庄公从小便很聪明能干，有机谋，当然就顺理成章继位了。可是他的生母心里是很不高兴，很不愿意的。

庄公继位以后，做母亲的武姜便要求大儿子庄公封弟弟共叔段到制邑去做地方首长。庄公明白母亲的用心，就对妈妈说，那个地方地形险要，上代的虢叔就死在这个地方。妈妈！你老人家另选一个地方吧！其实，庄公知道这个行政区域很富有，兵精粮足，弟弟去了要造反夺权就难办了。所以对妈妈说假话，故意推托。这就是亲生母子之间，在政治上、权利上钩心斗角，毫无"诚意"真情存在。武姜不得已，为老二要了京邑。庄公只好照办，因此大家就叫老二共叔段为京城大叔。

郑国有一位大臣叫祭（蔡）仲，对庄公说："都城过百雉，国之害也。"这就是说，你把那么大的最重要地区封给弟弟去治理，对国家安全来说是有问题的。同时又说了许多理由。郑庄公听了,半真半假地说,那是我妈妈姜氏硬要的,我做儿子的有什么办法!祭仲便说:这样做,你的妈妈也不会满意的,"不如早为之所,无使滋蔓。蔓,难图也。蔓草犹不可除,况君之宠弟乎?"庄公便说:"多行不义,必自毙。子姑待之。"你放心,等着瞧吧!

接着,老二共叔段又要求郑国西边和北边的两大地区,一并归到他的范围,这等于有全国一半的地盘了。宗室的大臣公子吕便对庄公说:"国不堪贰。"一个国家,不能两分。你究竟想怎么做?要把国家交给你弟弟,我们就去报到,不然就应该另有处置,否则全国老百姓也弄不清楚大方向了。庄公说:"无庸,将自及。"你放心,没有用的,他自己会倒楣。事情愈来愈严重,公子吕又说一次。庄公便对他说,"不义不昵",他老二不讲情义,不和我做哥哥的亲爱和睦相处,"厚将崩",累积罪过愈多,垮得愈快。

最后,老二共叔段什么都准备好了,就要发动叛变,用武力来抢夺哥哥的政权,妈妈和他约定做内应,发动的日期也约定好了。庄公的情报很清楚,因此就派兵去伐京邑。百姓也不拥护共叔段,所以他想抢王位的计划就全盘失败了,最后逃到鄢邑。庄公再命令伐鄢。共叔段只好逃去投奔共国。因此庄公下命令把母亲迁出内宫,下放到一个小地方城颍去住,气得狠狠发誓说:"不及黄泉,无相见也。"这就是说,除非我们母子两人都死了,在地下才再见面。换言之,永远不想再见到妈妈了。

当然,亲生的母亲,虽然最恨她的偏心所造成的错误,但到底还是有母子骨肉的亲情。人世间最难解脱是情的作用,尤其是亲情最难了。所谓孝道,便是至情的表现。事后庄公也很后悔,话说得太过头了,事也做得太绝了。总算经过他的另一位功臣颍考叔的劝谏,为了兑现誓言,叫庄公挖了一条地道,再使母子相见，终使母子重新团聚，恢复原来母子之间的亲情。《左传》记到这里，便说："君子曰：颍考叔，纯孝也。爱其母，施及庄公。"孝敬父母，是人性爱心最基本的真诚。孝敬自己的父母，又扩充到孝敬别人的父母，这才叫作"纯孝"。

《左传》的原文很精彩，文字写得很优美，而且简练晓畅，翻成了白话文，反而没有那种纯朴深刻的风味了！我们小时候读它，是要朗朗上口，背诵得出来，一辈子都有用处。变成了白话，就没有深度了，看过了就会丢掉，很少有再启发作用的价值了。孔子著《春秋》，是从他的故国鲁隐公元年，也就是周平王四十九年（公元前722年），亚述帝国灭以色列的那一年开始。换言之，郑庄公出兵打弟弟共叔段，就是这一年的事。孔子对郑庄公贬辞的要点，只用了一个"克"字。因为一个国家，对敌用兵胜利了，才可以叫"克"。共叔段是他亲兄弟，做哥哥的明明知道他被妈妈娇惯宠坏了，为什么不在事先好好设法教导？至少也应该预先防范处置。但郑庄公却用政治手段，故意培养他、放纵他，造成他犯最严重的错误，叫全国的人看清他的不对。又把他当敌人一样，出兵去讨伐他，表示自己的了不起。其实，郑庄公基本上完全是玩弄手段，制造一个罪过的圈套给弟弟和母亲去钻，因此而赶跑弟弟，甚至在征战中杀了他，还自充好人，是为国家安全，不得已才大义灭亲，这就是阴险奸诈的用心。不但没有兄弟友爱的亲情，对母亲更没有真正的尽孝，为什么不好好事先感化母亲的错误？而且这样做，更是大大不合于"治国"、"从政"的道德，是为后来春秋时期各国的诸侯开启了坏风气的"始作俑者"。所以孔子只用了一个"克"字来标明他的罪过。这样以一个字来批判善恶、是非，就是著《春秋》的"微言大义"的精神所在，也奠定了后来中国两千多年写历史用字用句的典范。

至于对郑庄公母亲的偏心偏爱的过错，孔子不忍心说"天下有不是的父母"而已。但左丘明却根据孔子的《春秋》"秉笔直书"，把郑庄公和他的母亲的不能"修身、齐家"的前因后果，都记述得清楚，为后人做警惕的榜样，这就是《左传》所谓"传"也。这也就是不能"齐家"，不足以"治国"的"宪"榜。

从"畏敬"鬼神说到近代"人造神"

有关第三个"（人）之其所畏敬而辟焉"的历史故事实例不少。严格研究，也很复杂，可以另成一个专题。而且牵涉的学科很广，当然，主要的还是哲学和心理学、医学等学最为重要，因为这些科目也是最有相关的学科。

我们退而求其次，在这里所谓的"畏敬"问题，其中包括有两种成分：一是"畏"；二是"敬"。《大学》在这里把这两种内涵合称为一个名词，等于是由"畏"而"敬"的作用。这种现象在人的心理作用上，严格地说是普遍存在的。换言之，"畏敬"，它是一种莫名其妙的恐惧感，尤其在宗教的心理学上更为明显。举例来说，人为什么惧怕鬼神？因为你不知它究竟是真的"有"，或是真的"无"。而且从有人类以来，个个说有，而人人又没有真正的见过。说看见过的，或肯定相信的，究其实际，仍然多是捕风捉影之说，并不像自然科学可以拿出实质的证据来。

所谓鬼神之说，也就是概括"敬天"或"敬事上帝"等等"形而上"，似乎另有一个作用的存在。不管任何一个顽强的人，虽然绝对不理会这些说法，但在他一生有某一种身心状况发生时，仍然难免会起一种异常的感受，恐慌、怀疑。那就是这种

"畏敬"心理的原始作用。

人的生命，有生必有死。但谁也一样，平生所最畏惧的就是死。因为人人都没有把握自己几时会死，自己是怎样死的，死了以后，究竟是怎样的？死了以后，还有来生吗？这些问题，也都和"畏敬"心理的作用密切有关。

不说死而说生吧！谁也不知道自己活着的一生，前途遭遇会怎样变化，受苦或享福？和我生活有关的父母、夫妇、儿女、财产、权位、主管、老板、政府、国家、世界等等，都是无法自定，无法可以前知的。因此，要算命看相、求神问卜、看风水（相宅、相墓地），甚至还请人来相看办公室、床位等等。所谓"不迷而信"的"迷信"专家，就普遍地无所不有了。因为人们的心中，从来就存在有事事不可知，患得患失的畏惧心理。除了贪生怕死以外，怕没有饭吃、怕没有衣穿、怕没有钱用等等，无论穷富，谁也难免一怕，这就叫作畏惧。

至于从小在家就畏惧父母、畏惧兄弟姊妹。读书入学，畏惧师长。学成做事，畏惧长官、老板，甚至畏惧同事、同僚。出门怕赶不上车，天晴怕下雨，不下雨的时候，又怕天晴。有人因为怕穷，怕失去了不能占有一切的希望，就不惜作奸犯法去偷人、抢人、害人。但也有人为了怕违背道德，怕违犯法纪，而甘愿穷途潦倒一生。几乎一个人活了一生，随时随地都在畏惧中，但又自以为是、自得其乐地过了一生。

总而言之、统而言之，细数人生，谁又不在"畏敬"中过了一生？但是世界上什么是最可怕的呢？鬼神并不可怕，因为没有见过。上帝、佛、菩萨也不可怕，天堂和极乐世界都距离我们太远。最可怕的是"人"；更可怕的是"自己"；尤其可怕的是人自己所造成的"人"神，它的代号，叫作"权威"。其实，权威只是虚名，它没有一个东西，但它又把握支配了一切的东西。

它是以一个孤苦伶仃可怜的人为形象，是"寡人"、是"孤家"，它使人不想接近又想接近。望望然是很渺小，又好像很伟大，总之，是人人自我矛盾所造成的一个"偶像"。最好的偶像，是没有一个它的自我形式，是以人人心中各别自我所形成的一个偶像。它使人人心中自我自生有"畏敬"成癖之感。这样，就是《大学》所说"（人）之其所畏敬而辟焉"的最高原理。

先不说过去历史上的往事，只讲我所经历过的时代，由二十世纪初期开始。小的时候开始接触文化，也和众人一样，喜欢读各种名人的传记，拿来对比中国历史上的人物。那个时候，开始读德国的威廉二世和什么铁血宰相俾斯麦，很新奇很惊讶。其他如兴登堡、福煕元帅，包括钢铁大王卡内基等，都是新鲜的玩意。听的是李鸿章以及日本明治维新的伊藤博文，仰慕的是曾国藩、石达开等等。但这些也只属于少年时期的憧憬而已。

到了北伐前期，那时印刷术已稍发达了，到处可以看到一张又一张由第一次世界大战前后的袁世凯、张勋到奉、直战争的大帅们，和革命先驱孙中山、黄兴，甚至什么国民革命军的北伐总司令蒋介石的画像。一个个都是人们所制造的"权威"，令人望之似乎"畏"而生"惧"，但未见得有"敬"意存在。

接着而来的，便是二十到三十年代，欧洲的国际局面变了，什么意大利新兴时髦的法西斯领袖墨索里尼，是如何的英雄，怎样的了不起。跟着是德国的领袖希特勒，如何的英雄，怎样的了不起，中国无人可及，墨索里尼也还差一点。天上的飞机，可以丢什么炸弹，汽车以外又有机械化的部队坦克车；机关枪、迫击炮是怎么的厉害。俄国又自"十月革命"以后，有了苏联第三国际，列宁是怎么的神圣。日本的威风可怕，也制造了东条英机和土肥原，更是嚣张。赶快去找《墨索里尼传》、希特勒的《我的奋斗》等书来看。当然，那时的美国，还算是老实关锁自己在太平洋的东岸，印象还不算太坏。

换言之，这个时候的欧洲，如德、意两国，都在人造神，要使人"畏而惧之"，犹如希特勒和墨索里尼一样。而在中国也开始学步了，出现了什么"救星"之类的口号。不久，那些制造人造神的（公司）伙伴们，好几个都成为我的朋友，也可以说，我成为他们的朋友。但很抱歉，我始终只能作为他们的"诤友"，内心还弄不清楚是什么原因，总觉得"大不为然"。也许是我读的线装古书太多了，总觉得"立德"和"立功"，好像不是这样就可以的。

可是，那个时候社会上又流行出版美国人著的什么《演讲术》和《驭人秘诀》等书。接着到了抗战初期，我的朋友萧天石又出了一本《世界名人成功秘诀》的书，我看了对他说：你是写书出名成功了，也许会害了别人。他要我写序言，我推辞了三十年后，才为了他的友谊而写了一点意见。

从这个时期开始，有些朋友们访问德、意回来，受了墨索里尼、希特勒的影响和忠告，真的开始极力造神。苏联也一样，列宁早已成"神"了。有一次，在电影院"神像"出现，大众肃立的时候我轻轻问身边留学苏联的朋友沈天泽，他们怎么搞成这样？他说："苏联也是如此。有一次，列宁自己单独去看电影，'神像'出现了，列宁自己坐在那里不动。他旁边一个老头子吓住了，赶快拉他一把，叫他站起立正。不然，'格别乌'会抓你去受罪的。列宁还是不动，只对那老头子笑一笑。"我听了就说："我总算懂了项羽的话：'富贵不归故乡，如衣锦夜行。'也正是发自这种心理。"站在我右边的朋友叶道信就说："老弟，你还太嫩，我二十年的革命，还不及我现在当了三个月的'袍哥'。你在边疆的时候，为什么不试着自己制造自己，就会懂了。"说话的老兄，他也是留学苏联的，但新近却加入"哥老会"，做了一步登天的"舵把子"（龙头大哥），所以才有这样的感慨！我说："我尝试过味道了，不想上瘾成癖，所以溜了！你去做山大王过瘾吧！"大家彼此会心一笑。

但是，匆匆三四十年的时间，这些一幕幕的现代史都已过去，神像也一个个不见了，好像是彻底打倒迷信了。可是，人们仍然在造神，仍然在做个人崇拜，好像不塑造一个"孤家""寡人"，自己就"六神无主"、无法玩弄"跳神"法术似的，真是何其可悲啊！二十世纪的大半时期，好像都在人造神的"神人合一"的时代。

从史实中领悟"畏敬"的正反道理

讲到这里，我们姑且例举一个历史上的故事，给大家参考，可以由此而悟入"畏敬"心理正面和反面的教育道理。

在春秋的后期，齐国的贤相晏婴（子）已死了十七年了。有一天，齐景公公开请诸大夫（大臣）们宴会，高兴起来，自己起来射箭，但并没有射中箭靶上的红心。可是大家一起叫好。齐景公一听，变了脸色，叹了一口气，挂上了弓箭回宫去了。

这个时候，一位大夫叫弦章的进来。齐景公便说：自从晏子舍我而去十七年了，再也没有一个人对我说不对的话，没有人能够当面明白指出我的过错。你看，今天我射箭，明明太差劲，但大家都异口同声叫好，这样对吗？

弦章就说：这是大夫们的不肖（不对）。大家"知不足知君之善，勇不足以犯君之颜色（没有勇气批评你，怕你不高兴）"，但是有一点是一致的，"臣闻之，君好之，则臣服之。君嗜之，则臣食之。夫尺蠖（蚯蚓类）食黄则其身黄，食苍则其身苍。君其犹有陷（等于憾字）人言乎（你主上有什么办法叫别人都不恭维你呢)?"齐景公一听,便说:你说得对。今天我和你的谈话,"章(你)为君,我为臣"。

说到这里,正好有人报告,海边管理渔业的进贡一批鱼来了。齐景公就说,拨五十车的鱼赐给弦章。因此,大路上都被到弦章家去送鱼的车子塞满了。弦章就过去拍拍送鱼的人的手说:刚刚主上射箭的时候,所有在场的人都叫好。他们就是想像我现在一样,可以得到主上赏赐的大批鱼啊!从前晏子在世的时候,碰到这种事,他一定推辞不肯收受,他只是直话直说,纠正主上的过错。现在他死了,大家都只知道谄谀拍马屁,说主上好听的话,其目的只想为自己巩固权位,升官发财。所以主上箭射歪了,还一起叫好呢!我现在辅助主上,没有什么功绩,反而得到那么多鱼的赏赐,完全是违背晏子政治道德的行为。因此,我决定不接受皇上的赏赐。你把所有的鱼都送回宫去。"君子曰:弦章之廉,乃晏子之遗训也。"

汉代刘向曾经为齐景公这个历史故事写过短评,他说:

> 夫天之生人也,盖非以为君也。天之立君也,盖非以为位也。夫为人君行其私欲而不顾其人,是不承天意,忘其位之所宜事也。

这是说上天生人,都是平等的,并非是指定哪个来做为人君或领导人的。就算是上天给你机会,立你为人君或领导人吧,也不是只叫你占住那个位置来满足个人的私欲,而不顾一切人民所指望的大事业。如果做人君的是这样一个人,那么他就是不虔诚奉承天意,忘记了他占有这个人君之位所应该做的事了(其实,古人所说的天意,也就是后世人所说的命运和机会的代名词而已)。又如说:

> 明主者有三惧：一曰处尊位而恐不闻其过，二曰得意而恐骄，三曰闻天下之至言而恐不能行。
>
> 齐景公出猎，上山见虎，下泽见蛇。归召晏子而问之曰："今日寡人出猎，上山则见虎，下泽则见蛇，殆所谓不祥也？"晏子曰："国有三不祥，是不与焉。夫有贤而不知，一不祥；知而不用，二不祥；用而不任，三不祥也。所谓不详乃若此者也。今上山见虎，虎之室也，下泽见蛇，蛇之穴也。如虎之室，如蛇之穴而见之，曷为不祥也。"

这些历史文化上的故事，与《大学》所说"齐其家在修其身"的"（人）之其所畏敬而辟焉"，都有相关的经验之谈，值得参考，或者多少会有启发，使你有所"悟"处。"畏敬"的心理，不只是在对上辈的父母或长官而言。如兄弟之间、夫妻之间，也很容易形成偏差。我们也可以看到有些家庭，因为有一个哥哥或弟弟、姊姊或妹妹，个性特别或比较有才能，也就容易形成"畏敬"的心理，甚至父母反而怕子女。这些事例，古今中外社会上，并不少见。

至于普通一般人所说的"怕老婆""怕太太"，当然，也包括妻子怕丈夫的，那也是并不少见的事实。在历史的故事上比较出色的，就如汉宣帝时代的霍光，功在汉室，比伊尹放大甲、周公辅成王等历史事迹，都很类同。但为了"畏敬"他的妻子霍显，为了女儿做皇后，最后弄得身败名裂、家破人亡。

又如隋文帝杨坚"畏敬"他的老婆独孤皇后的偏见，结果两夫妻都受了第二个儿子杨广隋炀帝的阴谋欺骗，弄得一手所创的统一国家局面，就此而亡。

从史实中体会"哀矜"的正反作用

有关于第四个"(人)之其所哀矜而辟焉"历史故事的事例,我们只举出汉武帝与汉宣帝三四代祖孙之间的宫廷(家庭)变故,就是最好的说明。

公元前92年到前86年之间,是汉武帝刘彻的晚年,因为误信宠臣江充的挑拨离间,造成了西汉历史上有名的类似宗教迷信的事件,所谓"巫蛊"一案。杀了自己的儿子(太子)刘据全家,包括刘据的三男一女,以及诸皇孙、皇孙妃、皇孙女。当时在他嫡系的曾孙辈中的刘询(初名病已),还不满一周岁,也被关押在专为王侯、郡守们所设的"郡邸狱"中。廷尉监(犹如现在执法的部长和最高法院的审判长)邴吉,参加审理这案。他心里知道这是汉武帝一时糊涂的暴戾举动,而且可怜这个皇曾孙刘询是个无辜的婴儿。他就派了一个罪刑很轻而且刚生了孩子的女犯人做刘询的奶妈,喂他奶吃。

这样过了五六年。这个时候,又有那些专讲"望气"一套的方士们说长安狱中有天子气。传到最迷信神仙的汉武帝耳朵里,当然立即发生作用,就下诏:"狱系者,无轻重,一切皆杀之。"命令到达皇曾孙刘询关押的监狱,邴吉就关闭狱门,拒绝接受诏命。他说:"他人无辜死者,犹不可,况亲曾孙乎!"这样,就坚持一夜。天亮了,那个派去执法的"谒者"(传达官)郭穰对邴吉的抗命也无法处理,只好回宫奏报。在这个时候,汉武帝的头脑好像清醒多了,就叹口气说:"天使之也!"不但没有再追究,而且下诏大赦天下罪犯。邴吉就把刘询送到他祖母史良娣的娘家,交给史良娣的母亲贞君抚养。

后来又有诏,要他认祖归宗,把他放到宫廷的边舍"掖庭令"张贺那里收养。掖庭令，是职掌后宫贵人、采女等总务的官职。张贺原来曾经派在被杀的太子刘据那里任职，太子（刘询的祖父）对他很好。他"思顾旧恩，哀曾孙（刘询），奉养甚谨"。张贺本来还想把孙女嫁给刘询做妻子，因为他的弟弟张安世反对作罢。但他不死心，正好和他的职掌有关的一个单位"暴室"（是管关押宫中皇后、贵人有罪的拘留所，也是宫女们的医疗所）的主管官"啬夫"（官职名称）许广汉（他同司马迁一样，犯了罪，接受"腐刑"，变成了太监，派在这里做主管），他有一个女儿许平君，美丽老实。张贺看中了她，就和许广汉商量，愿意自己拿出家财，为刘询做聘金，娶他女儿。许广汉答应了，回家同他妻子一讲，太太大发雷霆，她说："一般看相、卜卦、算命的，都说我生的女儿将来大富大贵，怎么可以嫁给一个没落皇孙，穷极无聊的赖小子。"但是，许广汉已经答应了张贺，就不变更诺言，把女儿嫁给刘询，小两口子很恩爱，不到一年，生了个儿子叫刘奭，就是后来的汉元帝。

刘询这个时候依靠许广汉兄弟，生活在一起，同时只与外婆史家往来。但他也肯上进读书，就跟东海学者复中翁学习《诗经》。"高材好学，然亦喜游侠，斗鸡走马。"到处乱跑，所谓"上下诸陵，周遍三辅（首都长安以外附近各地区）。以是具知间里奸邪，吏治得失"。因此，他不久做了皇帝以后，成为一代明君，庙号宣帝。历史上的皇帝，死了以后得个"宣"字的谥号，并不太多，够得上称"中兴"的，才用"宣"字。如史称：

> 帝（指汉宣帝）兴于间阎（起自民间），知民事之艰难。霍光既薨，始亲政事。厉精为治，五日一听事（朝廷会议，当面听汇报）。自丞相以下，各奉职奏事。敷奏其言，考试功能（听了汇报，再考察他执行实践的绩效）。及

拜刺史、守相（等于省级间地方首长，不过那时社会形态不同，人口少，不像现在一省那样繁复），辄亲见问。观其所由，退而考察所行，以质其言。有名实不相应，必知其所以然（讲的和做的不同，都能知道他根本问题所在）。常称曰：庶民（老百姓）所以安其田里，而无叹息愁恨之心者，"政平""讼理"也。与我共此者，其惟二千石乎（这是给郡守、省级地方首长的实物待遇，每月粮米二千担。但各级不同。这里是指地方首长，是基层政治好坏的关键）！以为太守吏民之本，数变易则下不安。民知其将久，不可欺罔，乃服从其教化。故二千石有治理者，辄以玺书勉励，增秩赐金，或爵至关内侯。公卿缺，则选诸所表，以次用之。是故汉世良吏于是为盛，称中兴焉。

其实，西汉的皇朝，从汉武帝以后，能够由刘询来继位做了皇帝，使汉室中兴的功劳，可以强调地说，完全是邴吉的阴功积德所造成。但他从最初救了刘询这个婴儿，又找奶妈养了他，使他长大成人，甚至向霍光推荐他做了皇帝，刘询都不知道内情。邴吉也始终不说，既不表功，更不邀宠。起初只为同情、哀矜（怜悯）、仁慈、正义的心理出发而已。

汉宣帝刘询做了十一年皇帝以后，因为一个老宫女自己表功，告诉宣帝过去二十多年前，曾经在掖庭做过你皇帝的保姆，是怎样的保护你，才讲出当年在监狱中的情形。宣帝一路追究下去，找到当年的奶妈，才知道都是邴吉的功劳。史称："上亲见问，然后知吉有旧恩，而吉终不言，大贤之。"宣帝是读《诗经》出身的，因此他就引用了《诗经》上的一句话说："无德不报"。就封邴吉为侯。对于当时保护有功的人，那个老宫女和奶妈等，都加赏赐。但在要封侯的时候，邴吉却病倒了，汉宣帝怕他死掉,很担忧。夏侯胜便说:"有阴德者,必享其禄。今吉未获报,非死疾也。"果然,不久就病好了。

汉武帝临死时,把只有十三岁的太子弗陵托孤于大司马大将军霍光、金日䃅(匈奴人)及上官桀。这个太子后来就是汉昭帝,很聪明,可惜短命,只做了十三年的皇帝就死了,还没有儿子。霍光就和大臣们会议,迎接刘氏皇室一位昌邑王即位,不到一年,发现这个继位的皇帝"淫戏无度",又经霍光和朝廷大臣们决议废了他。在这个时候,邴吉才出面对大将军霍光说:

> 今社稷宗庙(刘氏的国家天下)群生之命,在将军之一举。而武帝曾孙名病已,在掖庭外家者,今十八九矣。通经术(《诗经》《论语》《孝经》等),有美材,行安而节和。愿将军决定大策。

"光会丞相以下,议定所立。"因此刘询才得以继位,做了皇帝。他的出身经过艰难曲折,并非是纯粹的"职业皇帝",所以后来才能成为汉室皇朝的一个"明主"。所有这些经过,可以说都是邴吉一手所造成,多方极力"诱导"一个刘氏孤儿作为明君的成功史迹。

霍光对刘家的政权,的确也做到了不负汉武帝的所托。结果,为了老婆霍显要把女儿推上皇后的宝座,谋杀了汉宣帝"贫贱夫妻"时候的许平君皇后,因此弄得家破人亡。历史上既赞许霍光,又替他惋惜。最后为他加上一句评语,是"不学无术"四个字。后来在宋真宗的时候,寇准在"澶渊之役"上立了大功,但被丁谓等同僚挑拨,说他是拿皇帝性命做赌注,因此遭贬。路过四川碰到张咏,寇准请张咏对他的事作一句公平的评论。张咏只对寇准说了一句:"《霍光传》不可不读。"寇准回来，再拿《汉书·霍光传》来读了一遍，读到最后的评语"不学无术"一句，就笑说：这才是张咏要骂我的意思呢！

再说有关于"（人）之其所哀矜而辟焉"。同样的道理，相反的结果，仍然可在汉宣帝的历史故事中看到成例。

汉宣帝刘询，因为少年未得志时候的妻子（皇后）许平君被霍显谋杀以后非常伤心，就立了许平君第一个儿子刘奭做太子。并且特别挑选后宫无子，而且做人很谨慎的王婕妤（婕妤，女官名，等于后世的妃子）做皇后，叫她认养太子（后来王婕妤的娘家，就在汉宣帝以后历代出皇后，因此培养了王家的后代出个王莽篡汉。历史故事的前因后果，真很难说得清楚）。刘奭长大成人以后，个性温柔，又很仁慈，并且极喜欢儒家的学术。看到他的皇帝父亲宣帝所用的大臣，多半是讲究"法治"，注重"吏治"，刑法比较严厉，心里很不同意。有一天，他陪皇帝父亲宴会，找个机会对宣帝说："陛下持刑太深，宜用儒生。"宣帝一听，变了脸色，很严肃地对儿子说：

"汉家自有制度，本以霸（道）王（道）道（家）杂之，奈何纯任德教（只讲道德），用周政乎（还用周朝的礼法吗）？且俗儒（通常一般读书人）不达时宜（不能通达时势合适的变化），好是古（认为古代做对的）非今（现在都错了），使人眩于名实（被理论逻辑搞昏头脑），不知所守（他们又不知道自己该守的本分），何足委任。"乃叹曰："乱我（刘）家者，太子也。"

从此，宣帝对太子比较疏远，而且很想换另一个儿子来立做太子。但因为刘奭是许平君皇后所生，而且夫妻父子三人都是从平民艰苦中出身，尤其对他的生母许平君情深义重，曾经还答应过她，一定把她所生的儿子做太子。所以始终下不了决心，最后还是让他做太子。等到宣帝死后，刘奭继位，就是汉元帝。果然，从此以后西汉刘家的天下就黯然衰落了，直到王莽假借儒家的学术篡位。不是刘秀"光武中兴"，汉朝的政权也早就换了他姓。这便是"（人）之其所哀矜而辟焉"反面的作用。

"哀矜"用现代话来说，便是"怜悯和同情"。"矜"这个字，包含有"自满"及"怜惜"几重意义。《大学》在这里所用的"哀矜"，是怜悯、同情的意思。犹如孟子所说："恻隐之心，人皆有之。"它是人性固有的爱心和同情心。尤其是女性在这方面的反应，比之男性更为明显。因此常常有人引用古代成语，所谓"妇人之仁"。其实，不要轻易曲解"妇人之仁"这句话，把它当作无用的代名词，扩充"妇人之仁"，才是大仁大义、大慈大悲。就怕你连"妇人之仁"的仁心都没有，就不必假借大仁大义来掩饰自己了。例如，佛说慈悲，就是中国传统文化的"仁"字同一意义。但佛把"仁"心用两极分开来说，便叫"慈悲"。"慈"是如父（男）性、阳性的爱，"悲"是如母（女）性、阴性的爱。"慈悲"、"仁爱"、"哀矜"本来都是好事，但亦不可以受自己心理的蒙蔽，发展变成偏向的一面。如果变成偏心、偏爱，不但不能"齐家、治国、平天下"，甚至也不能"修身"，不能自处。

我们也可以从佛学中去了解"慈悲"另一面的作用，如说："慈悲生祸害，方便出下流"。这种道理和人生实际行为的结合，"运用之妙，存乎一心"。不然，就犹如现代一般人，在那些报屁股或杂志的尾巴上，看到学到一句"爱心"或"爱的教育"的皮毛，就一味只以"爱"啊"爱"的教养子女，最后多半变成"爱"之反而"害"之了。希望大家真要"好学""慎思"，去"明辨"它才对。

从史实中了解"敖惰"的心理背景

有关第五个"(人)之其所敖惰而辟焉"的内涵,须先了解所谓"敖惰"两个字的意义。在这里所用古文的"敖"字,就是后世常用的"傲"字,也就是"骄傲"的"傲"字。但严格来讲,"骄"比"傲"更厉害。"傲"是内在的,正如古人所谓,此人有"傲骨"或有"傲气",这还代表了一点赞许的意思。"骄"就有使人受不了的粗暴之感了。如果又"骄"又"傲",那就什么都免谈了!例如我们现代,常常为了某一件很荣耀很得意的好事,便说"值得骄傲"。那就完全用错了词句,把中国人自己变成没有文化的国民了。这是几十年前那些翻译者的粗心大意,把 Proud 这个洋文字翻译错了。事实上,是"值得自豪"的意思,那就对了。"惰"字,当然是指"懒惰"的"惰"。但严格地说,"惰"是不太勤快的意思。借佛学来说,叫作"懈怠",太过松"懈",又是得过且过,马马虎虎了事,就是"怠"。换言之,"懈怠"就是"惰"。"懒"就不同了,此"心"从"赖",根本上,就是什么都不愿意做,不肯动,不想动作,这就叫"懒"。正如《西厢记》上的一句诗说:"万转千回懒下床",那是真"懒"。

但《大学》上却把"敖"和"惰"放在一起,这个用字的方法真妙,它就代表了一种心理状态,自"傲"而养成"怠惰"的习性。犹如富贵中人的子弟,古代所谓"世家公子"或"千金小姐",现代所谓"高干子弟"或"豪门",因为从小受家庭、环境的影响,不知不觉自"傲"惯了,就什么事都"懒"得去做,变成"颐指气使"的神气;努努嘴、抬抬手,或用一个指头点一点,或用眼睛瞪一下,指挥别人去做。这就是"傲惰"

的形象。我看,现在很多年轻的父母,专讲所谓"爱心"的教育,常常养成孩子指挥父母大人去做事,孩子反而大模大样,坐在那里摆架子。这真使人"望之生畏",只好心里暗叹一声"阿门"(祈祷完了最后的一声)!

我们人与人之间的闲谈,经常会碰到有人问起:你看将来的社会或将来的时势怎么样?这是人人关心的问题。从前跑江湖、混饭吃的算命先生,有一句成语说"上门看八字"。这是说,只要进到你的门口,四面八方看一看,早已知道了你这一家兴旺不兴旺,不必要等你报上生辰年月,命已算过了。你要问将来的时势和社会趋势,多看一下后一辈的孩子教育文化,就可大概知道未来了。孟子有一段话说得很对:

> 富岁子弟多赖,凶岁子弟多暴。非天之降才尔殊也,其所陷溺其心者然也。

这是说,富贵的家庭或是社会富有了,就会养成青年人多"赖",爱炫耀、爱耍阔、爱奢侈、好高骛远。社会苦寒,家庭贫穷,就会使青年人容易走上"暴戾"愤恨的路上去。这并不是天生人才有什么差别的作用,只是因为受环境压力,造成心理沉没的后果。除非真能刻苦自励、专心向上的人,才有可能跳出"世网"。又如我们小时候读的成语所说,"国清才子贵,家富小儿骄","马行无力皆因瘦,人不风流只为贫"。虽然短短一两句话,如果你能"闻一而知二三",也可了解它和孟子所说的这段话都是同一意义。这样,就可以知道《大学》所说"敖惰"的心理情状,它的内涵并不简单。

我们姑且举出历史上的事例,用来反映"敖惰"心理的正反面等情状。首先引用的历史故事,便是大家平常所熟悉的越大夫范蠡，他辅助越王勾践复国灭吴以后，便飘然浮海而去，转到齐国，改变姓名，自称"鸱夷子皮"，在海边从事农业，亲自耕种，"苦身戮力，父子治产"。勤苦积累资产，没有多久就成为数十万金的富翁了。齐国的人知道他有经营致富的经济才能，便请他出来做国家的财相。他很感慨地说：

居家则致千金，居官则至卿相，此布衣之极也。久受尊名，不祥。

因此辞职不干，而且"尽散其财，分与知友乡党。而怀其重宝，闲行以去，止于陶，自称'陶朱公'"。再和儿子从事农牧，兼做贱买贵卖的生意，"逐什一之利"。不久，又"赀累巨万"。天下称陶朱公。

他在陶地，又生一个最小的儿子，我们通常叫作"幺儿"。这个时候，他的第二个儿子在楚国，不知道为什么事杀了人，判死刑。陶朱公知道了，便说："杀人而死，职也（依法抵命，应该），然吾闻千金之子，不死于市。"叫最小的儿子到楚国走一趟看情形。"乃装黄金千镒，置褐器中（破旧灰色的背包），载以一牛车"，就要小儿子出门了。但他的大儿子不同意，一定要自己去楚国看二弟。陶朱公坚持不允许。他的大儿子就说："家有长子曰'家督'，今弟有罪，大人不遣，乃遣小弟。是吾不肖。"便要自杀。陶朱公的太太便说：你一定要派小儿子去楚国，未必能保得住老二的命。现在先死个大儿子，怎么办？在老婆和大儿子的双重压力下，陶朱公也没办法了，不得已，只好由大儿子去楚国。他写了一封信，叫大儿子到了楚国，就送给他的老朋友庄生。而且吩咐儿子把这一车千镒黄金交给庄生，"听其所为，慎无与争事"。大儿子告辞出门，又私自带了"数百金"

上路。

到了楚国,找到了庄生。他住在城外郊区茅草盖的房子,看来很穷。但他照父亲陶朱公的意思,把信和千镒黄金都交给了他。庄生看了信,就说:知道了,你赶快回家去,千万不要在楚国等消息。就是你弟弟出狱,也不必问其所以然,快走。陶朱公的大儿子听了,只好告辞出来。但并不回家,偷偷找个地方住下。把自己私下带来的黄金,另走门路去活动,找到楚国的政要贵人,要设法救小弟出来。

庄生呢,虽然穷居楚国,但是廉直之名全国皆知,"自楚王以下,皆师尊之"。他虽然接受老朋友陶朱公送来千金,并不想要,他想救了老朋友小儿子的命以后,再全数退回,才是对好友的真情。所以收了黄金,便对他自己的老婆说:"此朱公之金。如有必病不宿诫(他这样做啊,等于是病急乱投医),后复归(事后要全数归还),勿动。"但陶朱公的大儿子不懂他的用意,认为这个老头子"殊无短长也"(他有什么好办法)。他只是为了父亲的命令照办而已,心里实在舍不得。

庄生找个机会去见楚王闲谈,便说:"夜观星象,天象有变,对楚国可能发生灾难,怎样办呢?"楚王一听便说:"这样就做一件大好事来消灾祈福吧!"因此,楚王就派人先通知执法的官吏,把有关刑法的重案暂停执行。这个消息被陶朱公大儿子联络的那个政要知道了,就来对他说:"你弟弟有救了,一定快要出狱了。"陶朱公的大儿子一听,就问:"你怎么知道?这样有把握吗?"那个政要便说:"我知道楚王快要发布大赦令了。因为他每次大赦以前,都有这种举动。"陶朱公大儿子一听,真可惜他父亲送给庄生的千镒黄金,反正要大赦,弟弟一定出狱,岂非浪费了千金之赏?愈想愈心痛,就去再见庄生。"庄生惊曰:'若不去耶?'(你还没有走啊?)"他就说:"不好意思,没有听你的盼咐,因为我实在不放心弟弟的案子。现在听说要大赦了,所以想先来向你辞行。"庄生一听,喔!你送来的黄金都在那间屋里,你赶快搬走带回去。这位朱大公子也就老实不客气,亲自去把黄金都搬出来带走了。

庄生第二天马上又去见楚王说:"你要大赦做好事,消灾免难是可以的。不过外面已经有了谣言,说是陶朱公拿了大批黄金买通关节,所以你的大赦是为了要放陶朱公的小儿子。"楚王一听,大怒。马上命令执法官,立刻先把陶朱公的儿子正法,然后再来大赦。因此,陶朱公大儿子只好去为弟弟收尸,搬丧回家。

回到家里,他的母亲和家人,都痛哭不止。只有陶朱公反而笑着说:我早知道他去了楚国,他的小弟一定要被杀掉了事。这并不是他不爱弟弟,因为他"顾有所不能忍者也"。他从小和我一起,劳苦耕田,辛苦经商。他知道为生活太困难,爱钱如命。所以他认为白白丢了千金,很舍不得。我本来要老幺去办,是因为他出生以来就在富有的家庭环境中长大,玩顶好名牌的车子、养名马、名狗,花钱漫不在乎!"岂知财所从来,故轻弃之,非所惜吝。前日吾所为欲遣少子,固为其能弃财故也。而长者(老大)不能,故卒以杀其弟。事之理也,无足悲者。吾日夜固以望其丧之来也。"

历史上又记载着陶朱公的经营产业及财富,有三徙(三次迁居别地)三散的经历。这也就是根据范蠡自己的名言所说,"大名之下,难以久居"的原则。有名与有钱,都不是人生的大好事。但是世界上的人都在拼命追求名利和权位,怎么说也是白费的。只有在名利、权势上亲身打过滚的人,才比较清醒了一点。但是,都是已经到了"尸居余气"的时候,虽然清醒了,太阳也立刻要下山了!像范蠡的一生,除了事功以外,自处之道非常高明,可说是千古一人,不愧是正统的道家人物。

我们引用历史上所记有关陶朱公的这件故事，说明"敖惰"的心态。从陶朱公亲切说明刻苦成家子弟节俭谨慎的习性，容易偏向于吝啬；出生于富贵家庭子弟的习性，容易养成偏于放浪轻财"敖惰"的习性。但当然也不能一概而论，也有许多的例外。以我自己一生的经历来体会，单在钱财方面来说，有过极大艰难困苦的经验，身无分文，求一饭而不可得的遭遇；也有撒手千金，不知财之所从来的境界。有"臆无不中"，经商得利的时日；也有一夜之间全军覆没，依然两手空空，身无长物的打击。所以我常说笑，你们的经济学是从课本上学来的，我是从经验上得来的。只有成功的经验，还只算一半，要有失败的经验，才算满分。世界上最困难的是一块钱，古人所说"一钱逼死英雄汉"是事实。有了资本以后赚钱，那是一半靠聪明，一半靠运气。只有从勤劳节俭得来的，才是根基踏实。赚钱发财很难，但有了钱财以后，用钱更难。用得其时、用得其分、用得其当，并不容易。而且必须要知道财富是不属于你的，是属于整个社会人类的。纵使有了财富，那也只是有一时的使用权而已。它毕竟非你之所有，只是属于你一时所支配。

这篇有关陶朱公的文章，我在十二岁半的时候，由于父亲的教导背诵过来。但我真懂得这篇文章的时候，已经过了"不惑"之年了。所以说到这里，便有不胜感慨之思，倚老卖老又多废话了，抱歉。另一篇文章，也是和"敖惰"问题有关的，便是东汉时代马援的《诫兄子（侄儿）严敦书》。后来在民国二十年（1931年）左右，好像在中学国文课本上看过，大家都可能读过，就不必多说了。马援的一生，也真是了不起，但最后临老的时候仍然免不了遭人排挤，被历史上算是很高明厚道的光武帝刘秀所贬。除此之外，以历史的经验，说明"（人）之其所敖惰而辟焉"的故事，只要去读《旧唐书》上所记叙初唐开国功臣的后代子弟,如房玄龄、杜如晦、徐(李)世勣等人的传记,便可知道那些"五陵贵公子,裘马自轻肥"的结局,就能明白《大学》所说的"敖惰而辟"的学问修养之道,是有多么的重要了。

问:所谓"敖惰而辟焉",是否具有更多方面的理解?例如我们看到某一位同学,聪明才智的确大有过人之处,但因为他太过自负,而且又理想不平实,便成了"恃才傲物"、"落落寡欢"的个性,几乎对任何人也看不惯,任何事也不肯将就,只自沉没在他自己的烦忧中,这种心态也应该就是"敖惰而辟焉"的情况吧!

答:你所说的完全正确,可以说闻一而知其余了。不但对"敖惰而辟"这一个问题的内涵,应当由多方面去理解,然后"观过而知仁",用此反省自己的心理行为,同时了解其他如前面所说的几个问题,都是同一意义,不只是一端而已。扩充这样的所知所行,再能影响他人,感化其余,这才是合于中国传统文化所说的真正"儒行"之道。

如果再进一步来说,曾子在《大学》中所提出人之所"亲爱、贱恶、畏敬、哀矜、敖惰"五个重点,是属于最容易构成心理偏差的大方向。我们所讲,只是大略加以研究理解而已,实际上还是很简化的。倘使照中国文字学来说明,这五个名词所包含的问题,都有正反双向和多方面的内容存在。而且一个字就包括了一个概念,并非是两个字只包含一个问题。例如,亲和爱、贱和恶、畏和敬、哀和矜、敖和惰,每一个字,都包含有不同心理状况、不同意识形态的心理现象。并非是两个字或多个字,只代表了一个概念。这就是今文和古文不同的特点。

因为古人读书就学,从幼童开始,先学"小学"。这里所说的"小学",不是现代化的"小学校"。这里所谓的"小学",

是先要真正了解每一个中国字的具体内涵。它为什么要写成这样的结构？它代表了什么概念？不是像其他民族的文字一样，有的是先有了概念，用音声拼合，再构成了一个字。所以在过去我们读书识字开始，由传统的教导所得知，上古人类文字的结构，有三个兄弟不同：一是右行，如梵文等，以形声为主。二是左行，如"麽麽文"，但早已失传。三是直行，如中国文，方块字，包括"六书"（六种结构的意义）。由古文"小学"之学的发展演变，到了汉代就产生对古文、古字的研究考据，便叫作"训诂"之学了。至于注音，甚至概括今古方言读音的不同，便发明中国字的拼音方法，所谓"反切"的拼法，那是在东晋前期，因翻译梵文佛经，采用梵文形声的方法，开始制造"切韵"等学理。可以说，大要是得力于西域东来的高僧鸠摩罗什法师等，和他在中国的高僧弟子们所创造的成果。

这些废话，都是为了同学的发问所引起的补充说明。

给自己、父母、领导人的启示

现在我们回转来，归到《大学》本题，有关前面所说"所谓齐其家在修其身者"，五个"修身"的心理问题，使我们拖延了一段时间，好像愈说离题愈远。其实，原本《大学》的本身，是有它一贯的次序，在论说道理方面，一层一层的转进而已。但它始终没离开《大学》开头所讲"知"的学问，和"止于至善""止"的修养实践效用。因此，它接着便说出最重要的结论：

> 故好而知其恶，恶而知其美者，天下鲜矣。故谚有之曰："人莫知其子之恶，莫知其苗之硕。"此谓身不修，不可以齐其家。

这是说，一般人尽管疼爱自己的家人和儿女，但必须明白在疼爱的同时，还要了解他有反面的坏处和恶习惯。换言之，当你讨厌自己的家人和儿女，同时，也要切实了解他有美好的一面。不可以单凭自己私心的爱好或厌恶，就全盘偏向。但是，人是很可怜可悲的，往往只凭自己的主观成见，就否定了一切。因为人是最难反观自己，最难反省自己的。所以曾子便很感叹地说，人能不被自己主观成见所蒙蔽的，举目天下，实在是很少见啊！但他并非说是绝对没有，实在是太少了而已。因此，他又引用当时民间老百姓的俗话说：一般的人们，都不知道自己的子女有潜伏的恶性习气，正如不知道自己种的稻谷植物的苗芽，天天成长得多大多好啊！

当然，曾子所引用的是春秋战国时代的俗语，所以便自己注明是"谚曰"，"谚"就是土俗言语的意思。如果我们也引用后世农村乡巴佬的土话来说，例如："儿子是自己的好，老婆是人家的好。"前句便有类似的意思，不过说得更淋漓痛快。但曾子是大儒，他不会引用这样不雅的话。我本来就是老粗，也来自田间，所以便"肆无忌惮"地乱用。

曾子所引用谚语的第二句"莫知其苗之硕"，很有意思，如果你是在农村长大便会知道。老农友们每天还没见亮就起身，走到自己地里转一圈，看看自己种的稻谷麦子老是那么高，没有长大，很着急。但偶然回头，四面一看，别人种的好漂亮，长得又快，看来实在很泄气。其实，别人看他的，也是一样的感觉。为什么呢？因为天天在眼前看，就看不清楚究竟了。所以，凡事要冷眼旁观才清楚。俗话说："当局者迷，旁观者清"，看人也是同样的道理。又有一句土话说："丈母看女婿，越看越有趣"，是吗？这是因为丈母娘"爱屋及乌"，受自己女儿"所亲爱而辟焉"的影响啊！

再进一层来讲，《大学》在这里所讲的五个"修身、齐家"的方向，必须要明白，并不是对现代小两口子的"小家庭"来说，这是针对古代宗法社会所形成的"大家庭"、"大家族"来说。换言之，这里所说的"修身、齐家"之道，由小扩大，也就是对做国家领导人的王侯将相所讲的领导学问和修养。如果照现代来说，凡是政府或政党、社团，工商业的公司、会社等的领导主管，要讲什么治理或管理之学的，便首先需要了解自己的修身问题。

我们须知道所谓的"家"，是由一个人和另一个异性的密切结合，共同组成物质生活和精神生命的具体象征。由一男一女变成夫妇的关系，必然就会有了子女，再变而成为父母。有父母子女，当然会有兄弟姊妹的形成。正如孔子在《易经·序卦》下篇所说：

有天地，然后有万物。有万物，然后有男女。有男女，然后有夫妇。有夫妇，然后有父子。有父子，然后有君臣。有君臣，然后有上下。有上下，然后礼义有所错（错，是相互交错的意思）。夫妇之道，不可以不久也，故受之以恒（卦名）。

但从社会学的另一观点来说，人都是社会的成员。而人需要生活，生活必须要人与人之间的互利互助，因此就形成了人群合作的社会。而把家的关系，不当作社会的基本成员。家只是整个社会成员的个人私有关系而已。由于这种理念，而发展成为社会公有、共存、共享的目的。这种思想的理念，虽然是"陈义甚高"，而在以人为中心的世界，基本上始终不能解脱以家为中心的作用。因为人是有情欲也有理智的，毕竟不同于无心无知的矿物、植物，也不同于一般动物，可以完全机械式地加以限制管理。因此，在人的社会中，始终存在着以家为主体的结构。但这个结构，在哲学的逻辑上也只是一个具体的象征而已。可是由于有这个具体的象征，家与家的联合集成，便形成为一个社会。换言之，家是社会的基本单位，由于家的扩大为社会，社会便是一个大家庭。家与社会再扩大结合，就形成为一个更大的结合体，那就是所谓的国家。由此可以了解，无论是旧学或新知，说过来说过去，说来说去"歪理千条，正理一条"。看来，我们传统文化中的《易经·序卦》所说，依然是千古常新，仍然不能外于此理此说。

明白了原本《大学》所说家的观念，是大家庭、大家族的内涵，它跟西方后期文化所说的社会，是有相同的性质。同时，需要了解《大学》所说的修身齐家之道，可说是指示我们对于家庭和社会团体乃至政府、政党、公司等等的领导哲学的认识，和领导人的学问修养的目标。

例如一个人，处在社会领导的地位，不管所领导的人有两个或多个，乃至成千上万，他所负担的责任就是这个社会的大家长的任务，又略有不同于自己血缘所属家庭的关系。因为所领导的人来自四面八方，每个人的出身背景、家庭教养、文化教育程度，甚至宗教信仰等等，都各不相同。尤其如我们大中华的民族，因为有几千年文化的各种熏习，更为复杂。我还住在美国的时候，常常对华侨社会中的同胞说：我们的民族习性，有两个人在一起，就会有三派意见。而且正如我们自己的批评，"内斗内行，外斗外行"，这真是最可耻、最要命的恶习。所以我们上古传统的文化，早就教导我们做一个领导人的三大任务，就是要"作之君，作之亲，作之师"，并"如临父母""如保赤子"。必须要求自己学养的成就，可以做这个社会的长官（老板）。也可以做这个社会的父母亲人。更重要的是，也可以做这个社会的大导师。同时，对于所领导的社会成员，要有耐心地教育他、教养他，就像父母或保姆对待孩子一样。

当然，如果是在负责教育的岗位上，也必须要有做学生的领导、父母、保姆一样的修养学识和心情才对。不是只做一个"经师"，传授知识，必须要同时是一个"人师"，有形无形教导一个学生或部下，怎样做一个人。当然，假如能教导出一个学生，最后成为"完人"或"真人"，那就可说已对得起自己的一生，是为"圣人师"或"天人师"了！

我们了解了前面所说这样一个大原则以后，便可知道面对任何一个犹如"大家庭"的社会团体，和我们所接触的左右、上下、前后，任何一个人，彼此之间，随时随地，都很容易产生"亲爱而辟焉，贱恶而辟焉，畏敬而辟焉，哀矜而辟焉，敖惰而辟焉"的情形。如果我们要在历史上列举这一类相关的故事，甚至从现代社会上的个案来说明，那就需用现代的电视、电脑来演出，可以够半生或一生来工作了。我们只能到此打住，继续下文的研究讨论。